TACHLES
Jüdische Anekdoten & Witze

Tachles

Jüdische Anekdoten & Witze

benno

Bibliografische Information der Deutschen Nationalbibliothek
Die Deutsche Nationalbibliothek verzeichnet diese Publikation in der Deutschen Nationalbibliografie; detaillierte bibliografische Daten sind im Internet über http://dnb.d-nb.de abrufbar.

Diese Texte erschienen zum ersten Mal in:
Andreas Martin/Robert Rothmann, Nu, ma lacht!
© St. Benno Verlag GmbH, Leipzig
Andreas Martin/Robert Rothmann, Am achten Tag schuf Gott das Lachen © St. Benno Verlag GmbH, Leipzig

Alle Illustrationen innen: Karsten Lackmann, Altötting

ISBN 978-3-7462-5052-6

Covergestaltung: Rungwerth Design, Düsseldorf, unter Verwendung des Motivs ©Eugene Ivanov/Shutterstock
Zusammenstellung: Volker Bauch, Leipzig
Gesamtherstellung: Kontext, Lemsel (B)

Inhaltsverzeichnis

1. Unsere Mischpoke

Guter Gott,
erbarm dich doch
nicht nur
über die Fremden!

Man muss sich auf die Familie verlassen können

Hirsch: „Herr Rabbiner, kennen Sie mich denn nicht mehr? Ich war doch Ihr Schüler, Hirsch aus Breslau!"
Rabbiner: „Sehr angenehm, Herr Hirsch. Womit kann ich dienen?"
Hirsch: „Herr Doktor, hab ich geleist' den Manifestationseid und hab ich da 1000 Mark. Möchten Sie mir's nicht aufbewahr'n?"
Rabbiner: „Schön, Herr Hirsch! Ich werde Ihnen eine Quittung geben."
Hirsch (erschrocken protestierend): „Nein, nein! Nicht nötig, ganz unnötig!"
Rabbiner (ruft seine Familie herein, vorstellend): Herr Hirsch aus Breslau. Meine Frau, mein Sohn Moses, meine Tochter Rebekka, mein Söhnchen Josua. Hier, Ihr seht, diese tausend Mark hat mir Herr Hirsch soeben zur Aufbewahrung übergeben; ich lege sie hier in mein Pult." (Hirsch empfiehlt sich.)
(vier Wochen später)
Hirsch: „Guten Tag, Herr Doktor!"
Rabbiner: „Guten Tag, mit wem habe ich die Ehre?"
Hirsch: „Wie haisst? Sie kenne mich doch! Bin ich doch der Hirsch aus Breslau, wo Ihne hat gegeb'n die tausend Mark zur Aufbewahrung un will ich Se jetzt bitten um das Geld."
Rabbiner: „Tausend Mark? Herr Hirsch, Sie haben mir so wenig tausend Mark, wie tausend Pfennige gegeben. Sehe ich Sie doch soeben zum ersten Mal!"

Hirsch: „Schmah Jisrul! Ihr' ganze Familie war Zeuge!"
Rabbiner: „Meine Familie ? Wollen wir sie fragen! Mutter, Kinder, kommt einmal heraus: (die Familie kommt) Kennt Ihr diesen Herrn?"
Mutter: „Nein!"
Rebbeka: „Nein!"
Moses: „Nein!"
Josua: „Nein!"
Rabbiner: „Sie sehen, Herr Hirsch! (zur Familie): Ihr könnt wieder gehen!"
Hirsch (fast weinend): „Herr Doktor, machen Se mich net unglücklich; Herr Doktor ..."
Rabbiner (den Tausendmarkschein aus dem Kasten nehmend und ihn Hirsch gebend): „Hier, Herr Hirsch, ist Ihr Geld!' Ich hab Ihnen nur die Lehre geben wollen; wie ein Mann sich muss verlassen können, auf seine Familie!"

Immer auf das Schlimme

„Was is der Unterschied zwischen ejner jidischen Schwiegermutter und ejnem Geier? " – „Dos wejß ich nich. " – „Der Geier wartet, bis du gestorbn bist."

Der Ehestand

Zum Rebbe kommt ein junger Mann und bittet um Rat. Er könne sich nicht entschließen, soll er heiraten oder nicht.
„Der Vater is a angeseehner und gebildeter Mon."
„Nu, also heirate!"
„Aber die Tochter is hässlich!"
„Don heirate nicht."
„Nu, aber sie bekommt zwonzigtoisend Gulden mit!"
„Nu, don heirate!"
„Aber sie hinkt und is zänkisch."
„Wejßt du", sagt der Rebbe, „ich geb dir einen Rat, du solltest dich taufen lassen!"
„Aj, Rebbe, for wos?"
„Donn fällst du Hochwirden auf die Nerven und nicht mir!"

Altertumsforschung

Kohn will mit seinen fünfzig Jahren noch mal heiraten: ein zwanzigjähriges Mädchen! Sein Freund will es ihm ausreden: „Iberleg doch mol – in zehn Jahren bis du sechzig und sie dreißig. Noch mal zehn Johr, dann bist du siebzig un sie is vierzig, no, und wos willst du dann mit so einer alten Frau?"

Hochzeit

Kohn trifft seinen Freund auf dem Markusplatz in Venedig.
„Wos machst du denn hier?“, erkundigt sich Kohn.
„Ich bin auf der Hochzeitsreise.“
„Oh, gratuliere. Und wo ist deine Frau?“
„Wieso, Einer muss doch aufs Geschäft aufpassen!“

Hört, hört!

Kohn und Grün, zwei alte Freunde, unterhalten sich: „Is es wahr, doss dos Ehelebn die Perseenlichkeit verändert? “ – „Kann sein“, meint der andere, „als wir verlobt warn, hob ich gesprochn und mejne Frau hot zugehert. Nach der Hochzeit hot mejne Frau gesprochn und ich hob zugehert. Nu, unjetzt redn mer bejde und de Nachbarn heern zu.“

Geldentwertung

Rebekka berichtet ihrer Freundin: „Ich hob mejnen Mann zum Millionär gemocht!“
„Und wos wor er vor der Hochzeit?“
„A Milliardär!“

Verwandtschaft

Novemberregen. Zwei arme Schnorrer in Berlin, die an Türen mit jüdischen Namen gebettelt haben, sind ganz müde, nass und durchfroren. Sie beschließen in der katholischen Kirche, deren Tür offen steht, etwas auszuruhen. Drin ist gerade eine feierliche Nonnenweihe mit dem Bischof. Sie setzen sich ganz hinten in die Ecke. Aber dem Küster fallen sie doch auf und er geht zu ihnen und fragt leise: „Was machen Sie hier?" Darauf einer der Schnorrer: „Dos is schon richtig, wir sind von der Seite des Braitigams."

Aus eins mach zwei, drei ...

„Schadchen" (=Heiratsvermittler), sagt ein junger Mann, „ich mechte eine Frau heiraten, die scheen ist, reich ist, gesind is, anständig is, und aus e gutem Haus is." „Hern Se, daraus mach ich finf Partien!"

Wie mein Leben

„Isidor, liebste mir auch wirklich?" – „Wie mein Leben, sag ich dir! – und wie mies is mein Leben!"

Kunst zu zweit

Kohn trifft seinen alten Freund Calmann, einen Dichter. „Calmann, wie geht's dir so? Schreibst de noch Gedichte?“ „Nu, geht es blendend! Hob ich zwejmal so viele Leser als zuvor!“ – „Nu, masel tow“ , sagt Kohn, „hob ich nicht gewusst, doss du host geheirotet!“

Platz da?!

Ein russischer Jude geht zum Rabbi: „Mein Haus ist zu klejn fir mejne zehnkepfige Familie, wos soll ich mochn?“ „Kauf dir noch eine Ziege und nimm sie mit in dein Haus!“ Nach einer Woche kommt der Mann und sagt: „Rebbe, es is noch schlimmer gewordn!“ „Dann nimm noch ein paar Hiehner zu dir!“ Doch wieder nach einiger Zeit klagt der Jude, dass es noch schlimmer geworden ist. „Nun, dann wirf alle Tiere wieder aus deiner Wohnung heraus!“ Als er den Juden eine Woche später trifft, meint der: „Noch nie hotten wir so viel Platz, Rebbe!“

Und, was hat's genutzt?

Moritzl hat schlechte Noten. Der Vater fragt nach den Gründen. Moritzl antwortet: „Weißt du, Tate, der Lehrer hat was gegen uns Juden.“ Schweren Herzens beschließt der Vater den Moritzl taufen zu lassen. Aber die Noten werden nicht besser. Moritzl tröstet seinen Vater: „Du weißt doch, Tate, die Gojim haben nix im Kopf.“

Ein Sohn!

Aron: „Schau’, schau’! Der Isaak! Wie geht’s?“
Isaak: „Danke, gut. Is’ mer widerfahr’n e gross Mass’l!“
Aron: „Nu, was?“
Isaak: „Ich hab en Sühn!“
Aron: „Mass’l tov! Mass’l tov! Wer is der Vater?“
Isaak: „Schau, wenn de net wärst mei bester Freund, gebet ich der jetzt e Maulschel!“
Aron: „Gott der Gerechte! Was biste so aufgeregt? Ich hab gemeint, du weisst’s!“

Wie man's sieht

Nach einem Streit sagte Maische zu seiner Frau: „Ich muss wahnsinnig gewesen sein, als ich dich hob geheirot.“ – „Dos is schon meglich, aber ich war damals zu verliebt, um es zu bemerken!“

Immer die Leute!

„For was stehst'e immer draußen am Balkon, wenn ich singe?", fragt die Ehefrau, „du weißt doch, dass mich dos verletzt."
„Nu, was erwartest du? Soll ich vielleicht im Haus bleiben, dass de Nachbarn megen denken, dass ich dich schlag?!"

Weibliche Logik

In einer israelischen Stadt geht der Bürgermeister mit seiner Frau spazieren. An einer Baustelle grüßt ein Maurer freundlich die Frau Bürgermeister und redet sie mit ihrem Vornamen an. Der Bürgermeister ist verwundert und fragt hinterher seine Frau, woher sie den Maurer kenne. „Ach, der ist mit mir in die Schule gegangen, er war mein erster Freund."
„Zum Glück hast du nicht ihn, sondern mich geheiratet, sonst wärest du heute nicht die Frau eines Bürgermeisters, sondern die Frau eines Maurers."
„Da irrst du dich", gibt die Frau zurück. „Hätte ich ihn geheiratet, wäre er heute der Bürgermeister."

Prophetie

„Wie alt sin deine hibschen Buben?“ – „Der Professor is drei und der Anwolt zwej Joor.“

Gleichberechtigung

Als Herschl gefragt wird, ob es wahr sei, dass er seine Frau mit einem Stock schlage und sie ihn mit einem Nudelholz traktiere, antwortet er: „Nicht immer, monchmal tauschen wer!“

Selbstgespräch

Ein junger Mann schiebt einen Kinderwagen im Park hin und her, und sein Nachwuchs brüllt aus voller Lunge. Der Vater schaukelt das Kind und sagt leise:
„Moische, ich bitt dich, beruhige dich! Sei vernünftig, Moische!“
Eine ältere Dame geht vorbei und spricht voll Bewunderung zum Vater:
„Sie sind aber ein geduldiger Vater! Und was für ein schönes Kind Ihr Moische ist!
„Aber nejn, Madam. Das Kind hejßt Sarah. Moische, dos bin ich.“

Mit Hand und Fuß

Schlojme hat einen Sohn bekommen und lädt seine beiden Freunde zur Namensgebung ein.
„Wenn Ihr kummt, klopft nur kräftig mit dem Fuß an die Tir!"
„Nu, for wos mit dem Fuß, hast du keen Klingel?"
„No, ihr werdt doch nicht mit leere Hende kummen!"

Halbe Wahrheit

„Ich bin in großer Verlegenheit. Meine Älteste will heiraten, und ich hob dem Bräutigam toisnd Gulden Mitgift versprochen, aber mir fehlt die Hälfte."
„Nu, mon gibt doch immer bloß die Hälfte", meint der andere.
„Weiß ich, aber *die* Hälfte fehlt mir doch gerade!"

Die Tochter

Isaak fragt seinen Freund Levi: „Hat dei Tochter schon geheiratet?" – „Na, se will noch warten." – „Worauf will se warten? Alt is se doch schon genug." – „Nu, auf en Mann will se warten!"

Stimm(ungs)abhängig

Ein einfaches Ehepaar aus Chelm schickt ihren Sohn in die Stadt zum Studium. Ein paar Wochen später kommt der erste Brief. Da sie nicht lesen können, fragen sie den Hausmeister, einen kräftigen, lauten Mann. Mit seiner groben Stimme liest er vor: „Lieber Vater, schick mir ein paar Gulden, denn meine Hosen sind zerrissen und ich muss mir neue kaufen."
Der Vater ist entrüstet: „Wos ist mejn Sohn a Schreihals und geldgieriger Geselle, niemals schicke ich ihm auch nur ejnen Pfennig."
Die Mutter beschwichtigt ihn und sagt: „Viellejcht hot der Verwalter nicht richtig geleesn, komm wir gehen zum Schneider." Der Schneider liest mit seiner hellen Fistelstimme den gleichen Inhalt vor. Der Vater ist gerührt: „So a lieber und beschejdener Sohn, natierlich soll er a naie Hose hobn. Ich geh sofort dos Geld abschicken."

Eine Frage der Zeit

„Schwiegerpapa, host du es zu wos gebracht. Wie muss ich es mochen, doss ich och so raach werd?" „Offen gesogt: Ehrlich währt am längsten!"

Löchrige Logik

Ein Ehepaar ist in Chelm unterwegs. Plötzlich fängt es an zu regnen. „Jossel, mach doch den Schirm auf."
„Das geht nicht, er ist doch kaputt."
„Warum hast du ihn dann mitgenommen?"
„Konnte ich denn wissen, dass es regnet?"

Goldig

Jankel und Moische wetten, wer zu einer Einladung das billigste „goldene“ Geschenk mitbringt. Am Tag der Einladung erscheint Jankel: „Ich hob Eich ein goldenes Geschenk mitgebracht: Eine Schachtel Zigarren Marke: Golden Tobacco.“
Jankel freut sich schon, denn billiger kann das Geschenk von Moische nicht sein. Doch da erscheint Moische mit einem Herrn, geht zu dem Ehepaar und meint: „Herzlichen Glückwunsch, ich hob meinen Schwager Goldberg mitgebracht ...“

Gojim bleibt Gojim!

Pinkus ist in Amerika eingewandert, hat sich hochgearbeitet und leitet inzwischen die Erziehungsbehörde. Es geht um ein Gesetz, welches die Rassenschranken in den Schulklassen aufheben soll. Pinkus ist dafür. Ein Vater aus den Südstaaten fragt ihn: „Haben Sie eine Tochter?“ Pinkus bejaht. „Würden Sie zulassen, dass sie mit Negern zur Schule geht?“ „Aber natiirlich“, antwortet Pinkus. „Da würden Sie wohl Ihre Tochter auch einen Neger heiraten lassen, was?“ Da wird Pinkus abweisend: „Das hat doch nichts mit der Hautfarbe zu tun! Heiraten lassen würde ich meine Tochter keinen von euch Gojim!“

Oh Wunder!

Der Kohn kommt zum Rebbe und fragt: „Rebbe, ich bin nu 76 Jahr, und mein Weib, die Sarah, die is 25. Und, wie's der Herr will, is doch die Sarah schwanger. Ich tu nachts kein Auge mehr zu wegen der Frage: Bin ich der Vater von dem Kind oder nicht?" Sagt der Rebbe: „Dariber muss ich klären, komm morgen wieder." Anderntags sagt der Rebbe: „Kohn, ich hab geklärt. Bist du der Vater – is es 'n Wunder! Bist du nicht der Vater – is es 'n Wunder? ..."

Berechtigte Vorwürfe

Mandelstamm steht wegen Einbruchdiebstahls vor Gericht.
„Eins verstehe ich nicht, Angeklagter", sagt der Richter, „in der Wohnung lagen Wertgegenstände unverschlossen umher. Wieso haben Sie nur wertloses Zeug mitgehen lassen?"
Mandelstamm ist sichtlich zerknirscht: „Ich halte dos nicht mehr aus, Hohes Gericht! Meine Frau hot mir schon genug zugesetzt dariber – und nu fongt Ihr och noch damit an."

Seemannsgarn

Zwei alte Juden unterhalten sich. Sagt der eine: „Die Ehe is wie ein Hafen, in dem sich zwej Schiffe begegnen!“ „Muss ich oif a Kriegsschiff getroffen sein!“

Die liebe Verwandtschaft

Der arme Vetter ist seit Wochen zu Besuch. Er scheint nicht wieder abreisen zu wollen. Die Hausfrau versucht es auf diplomatischem Wege:
„Host du denn gor kejne Sehnsucht nicht nach deiner Frau?“
Der Vetter: „Dos is aber nett von dir, dos du daran denkst. Gleich schreib ich ihr, dos se her kommt!“

Besser tun?

Sally Feigenbaum gibt seiner Tochter vor ihrer Verheiratung Lehren. Er sagt ihr unter anderem: „Wer heiratet, tut wohl, wer aber nicht heiratet, tut besser.“ – „Nu, Tate, lass mich nur Wohltun, das Bessertun überlasse ich anderen Leuten.“

Wie du mir, so ich ihm

Der Vater einer Ehefrau beschwert sich beim Rabbi, dass der Schwiegersohn seine Tochter schlägt. Kurz darauf kommt der Rabbi dazu, wie eben dieser Vater diese Tochter verprügelt. Da fragt der Rabbi, was das soll, er habe sich doch darüber beschwert, dass der Schwiegersohn die Tochter schlage. Da meint der Vater: „Schlägt er meine Tochter, schlag' ich seine Frau!"

Gerade der!

Itzig ist glücklicher Vater von vier Kindern. Aber eines Tages kommt ihm ein fürchterlicher Verdacht:
„Hör mal, Lea, ich glaub, der Motel is nicht von mir!"
„Wie konnst du nur so wos behaupten?", entrüstet sich die Frau, „gerade der Motel is von dir!"

Das Haupt

Mendel und Esther kommen zum Rabbi, sie haben sich heftig gestritten und suchen Rat.
Mendel ist im Gesicht ganz zerkratzt. Der Rabbi fragt: „Nu, Esther, wejßt du denn nicht, doss der Mann das Haupt der Familie ist, wie kannst du ihn so zurichten?"
Streitlustig antwortet Esther: „Nu, man wird sich doch noch am Kopf kratzen derfen."

Pantoffelsalat

Aus dem Brief eines Ehemannes an sein Weib:
„Teure Riwke, sei so gut und schick mir deine Pantoffeln! Natürlich meine ich meine und nicht deine Pantoffeln. Aber wenn du liest ‚meine Pantoffeln', dann meinst du, ich möchte deine Pantoffeln. Wenn ich aber schreibe: Schick mir deine Pantoffeln, dann liest du ‚deine Pantoffeln' und verstehst richtig, dass ich meine: ‚meine Pantoffeln' und schickst mir meine Pantoffeln. Schick mir also deine Pantoffeln!"

D'accord

Herr Weinstein erhält ein Telegramm: Deine Schwiegermutter is gestorbn. Begräbnis Mittwoch.
Weinstein telegrafiert zurück: Einverstandn!

Irrtum

Tante Sare, das größte Schandmaul der Familie, ist verstorben. Der Rabbi hält die Leichenrede. Er lobt die Friedfertigkeit und Milde der Entschlafenen, ihre Bescheidenheit und Zurückhaltung. Onkel Isaak hält es nicht mehr aus: „Kumm", sagt er zu seinem Neffen Moritz, „me sind auf der falschen Beerdigung."

Mit Blindheit geschlagen?

Zwei Juden begegnen sich bei einer Feier in der Wohnung eines gemeinsamen Bekannten. „Gestatten: Rabinowitsch!" „Rabinowitsch... Rabinowitsch? .... Sogn Sie, sind Sie nicht so ein kleiner Dicker mit einem roten Spitzbart?"

Wie du mir nicht, so ich dir nicht

„Kohn ist gestorbn, gehst du auf seine Beerdigung?"
„For wos sollt ich? Wird er auf mejne kummen?"

Zu früh

Ein Jude steht vor einem Grab und weint laut.
„For wos bist du nur so frieh gestorbn?“, klagt er.
„Um wen trauert denn der arme Mann?“ fragt ein Fremder den Verwalter.
„Um den ersten Mann seiner Frau!“

cool - cooler - am coolsten

Ein Geschäftsmann amüsiert sich in einer Großstadt. Als er in sein Hotel zurückkehrt, findet er ein Telegramm seiner Frau vor: „Bin schwer erkrankt, komm sofort nach Hause!“ Sorgfältig faltet der Mann das Telegramm wieder zusammen, legt es auf den Nachttisch und sagt: „Spaß!, wer ich morgen frih a Schreck kriegen!“

Emanzipation nach hinten

Eine Frau will vom Rebbe einen Scheidungsbrief: „Mein Mann liegt den ganzen Tag auf der faulen Haut, ich muss alles selber machn, mein Mann aber nimmt mir noch das Geld weg und priegelt mich obendrein!“
Der Rebbe schlägt in seinen Büchern nach und sagt: „Eier Mann benimmt sich korrekt. Es steht geschrieben: Der Mann muss seiner Frau gebn, was er verdient. Und dos tut der Eire ja: Er verdient Priegel, und die gibt er Eich!“

2. Auf Reisen

Unterwegs in aller Welt

Wie gesinnt

Im Zug von Prag nach Marienbad sitzen zwei Österreicher und ein Jude aus Lemberg und unterhalten sich über ihre Auffassungen.
„Ich bin Monarchist, hoch lebe der Kaiser."
„Ich bin Sozialist, hoch lebe Marx."
„Und was sind Sie?", wollen die beiden wissen.
„Ich bin Vertreter für Nähmaschinen."
„Nein, wir wollen wissen, wie Sie gesinnt sind?"
„Wenn ich gesinnt bin, fuhr ich doch nich noch Marienbad."

Stimmenimitator

Ein Mann aus Chelm will zusammen mit seinem Sohn in die Stadt. Sie gehen zum Bahnhof, um sich eine Fahrkarte zu kaufen. Dem Mann erscheint der Preis aber zu hoch, und er kauft nur eine Fahrkarte. Den Sohn steckt er in einen alten Sack, den er neben einer Bank entdeckt. Sie gelangen auf den Bahnsteig, und im Zug kriecht der Sohn ins Gepäcknetz und zieht wieder den Sack über sich. Der Schaffner fragt nach den Fahrkarten. Gleichmütig reicht der Mann ihm seine. „Was ist in dem Sack?", will der Schaffner wissen. „Nur Steingutschisseln, die ich auf dem Markt verkaufen will." Der Schaffner klopft an den Sack. Da ertönt es aus dem Inneren: „Kling-klang."

Klägliches Missverständnis

Am Flughafen steigt ein amerikanischer Tourist in ein Taxi und will zur Klagemauer: „Bring me to the Wailing Wall!“
„Sorry, nix verstehen.“
Der Amerikaner versucht es dann jiddisch: „Brengt mich dorten, wo de Juden wajnen.“
„Ach so, ich versteh' – Se wolln ins Finanzministerium.“

TAXI

Zug auf der Flucht

Kohn kommt auf den Bahnsteig gerannt und sieht nur noch die Rücklichter des abfahrenden Zuges.
Der Bahnhofsvorsteher: „Na, Zug verpasst?“
Kohn: „Nejn! Verscheucht werd ich ihn habn!“

... der Bart ist ab

Ein Jude aus Osteuropa kommt nach New York. Am Sabbat sieht er auf einer Parkbank einen glattrasierten Herrn eine Zigarre rauchen und in einer jiddischen Zeitung lesen.
Begeistert ruft er aus: „Wos fier a scheenes Land, hier lesen sogar die Gojim jiddische Zeitungen.“

Oh, oh ...

Bill Mandelbaum kommt zum Bahnhofsschalter gerannt: „Ein Billett nach Springfield, schnell bitte, mein Bruder liegt im Sterben.“
„Es gibt verschiedene Städte, die Springfield heißen“, gibt der Mann hinter dem Schalter zu bedenken. „Springfield – Ohio, Springfield – Illinois oder Springfield – Pennsylvania?“
Bill wischt sich eine Träne ab: „Welches Billett is dos billigste?“

Keine Ahnung

Ein orthodoxer Jude fährt zur Kur und nimmt seine Tallit und seine Tefillin mit. Am nächsten Morgen bindet er sich die Tefillin, so wie es vorgeschrieben ist, um Arm und Stirn. Ein Österreicher im Nebenbett staunt: „Man sagt halt nicht umsonst, dass die Juden intelligent sind. Kaum ist der Jude einen Tag im Sanatorium, misst er sich schon selbst den Blutdruck.“

Seltsame Befragung

Ein alter Jude läuft schwerbepackt über einen Bahnhof in einer Kleinstadt und fragt nach längerem Zögern einen seiner Mitreisenden: „Wos holten Se ejgentlich von Juden?“
Darauf erwidert der Mann: „Ich bin ein großer Bewunderer des jüdischen Volkes.“
Der alte Jude geht weiter und fragt den nächsten dieselbe Frage. Dieser erwidert: „Ich bin fasziniert von den Leistungen jüdischer Mitmenschen in der Kultur und der Wissenschaft.“
Der Jude bedankt sich für diese Antwort und geht zu einem weiteren Mann. Dieser erwidert auf die Frage: „Ich mag Juden nicht besonders und bin froh, wenn ich nichts mit ihnen zu tun habe.“
Darauf der alte Jude: „Sie sind ein ehrlicher Mann, könnte Se bitte mol auf mejn Gepäck aufpassen, ich muss in de Toilette.“

Weder noch!

Zwei Herren sitzen im Zug von Krakau nach Warschau: ein Geschäftsmann und ein Handleser. „Ich werd' Eich die Gedanken aus der Hand lesen! Wenn ich richtig lese, kostet's zwanzig Euro!"

Der Geschäftsmann ist einverstanden. Der Mann beginnt nun die Hand des andern zu kneten und zu betrachten, schließlich sagt er: „Ihr fahrt nach Hause, um Bankrott anzumelden!"

Der Geschäftsmann zieht seine Brieftasche und überreicht dem Handleser 20 Euro.

„Also, hob ich richtig gelesen?!"

„Dos nicht, ober oif ne gute Idee hobt Ihr mich gebracht!"

Sein und Sinn

Zwei Juden ringen sich schließlich doch zu einem Spaziergang in den Kurgarten durch und bewundern pflichtgemäß die Natur: „Siehste de Blume da, hibsch is se, wos is dos fir ejne?“ „Soll ich wissen, bin ich e Hutfabrikant?“

Alle Jahre wieder!

Ein kleiner alter Mann kommt schüchtern zu seinem Vorgesetzten: „Herr Goldstein, konn ich morgen freihobn? Morgen hob ich goldene Hochzejt.“ – „Großer Gott“, schreit Goldstein, „und wern Se mir jetzt alle 5o Johre kommn, wos?!

Interessant, aber brisant!

Im Zug in Galizien kommen zwei Juden ins Gespräch: „Von wo kummt Ihr?“ „Aus Krotoschin.“ „Seid ihr da viele Juden?“ „Nu, an siebentausend.“ „Und hobt ihr auch Gojim?“ „Vielleicht dreihundert, wos ma so braucht zum Straßenkehren und Feierwehrlait … Nu, und von wo kummt Ihr?“ „Von Warschawa.“ „Seid ihr do viele Juden?“ „Nu, so zwejhunderttojsend!“ „Gottes Wunder! Und hobt Ihr och Gojim?“ „So vierhunderttojsend.“ „Gott der Gerechte! For wos braucht ihr so viele Gojim?“

Verreist?

„Ich hob dich ja so lange nicht gesehen? Wo warste denn?“ „Verreist, sechs Monat.“ „Verreist! For wos hoste nich Berufung eingelegt?“

Was ist Relativität?

„Feitel, bist du doch so a kluger Mensch; konnst du mir erklären: Wos ist Relativität?“ „Gonz einfach: Stell dir vor, du sitzt mit ’m Toches (Hintern) oif ’m gliehenden Ofen. Dann wird dir eine Sekunde wie ne Stunde vorkommen. Bist du aber mit einem hibschen Mädchen zusammen, wird dir ’ne Stunde wie ne Sekunde vorkommen.“ „Und mit DIE Schmonzes (dummes Zeug) reist Einstein nach Amerika?!“

1.Klasse

Reichgewordener Bankier zu seiner Gattin: „Schlechte Einrichtung auf den Bahnhöfen. Sobald mer aus dem Zug heraus ist, sieht niemand mehr, dass mer gefahren ist erster Klasse!“

Echte Krakauer!

Zwei Juden treffen sich auf dem Bahnsteig. „Wohin fährst du?“ „Fahr ich nach Krakau.“ „Wenn du sagst, du fährst nach Krakau, willst du, ich soll denken, du fährst nach Lodz. Du fährst aber doch nach Krakau. Also, warum liegst du?“

Wagnerismus

Ein Jude geht in die „Götterdämmerung“. Es dauert drei Stunden, vier Stunden, fünf Stunden, SECHS STUNDEN! Als er aus dem Theater kommt, fragen die Freunde, wie es gewesen sei. „No, gut wors, nur der Schluss wor ebbes iberstirzt!“

Rückfahrkarte

Tulpenblüth verlangt eine Rückfahrkarte nach Pausen. Der Beamte fragt: „Über Bentschen oder über Ostrowo?“ – „Über Purim.“ (Jüdischer Feiertag)

Erst handeln, dann denken!

Zwei jüdische Fuhrleute kommen auf der Gass entlang. Da hat der Sturm einen Baum umgestürzt, quer über den Damm. Sie steigen ab und beratschlagen. Inzwischen kommt ein ukrainischer Bauer, steigt ab, zerrt den Baumstamm an die Seite und fährt weiter. Sagt der eine Jude zum andern: „Ah, Kunststick, mit Gewalt!"

Verschlimmbessert!

Ein Matrose geht zu einem Telegrafen und will folgendes Telegramm an seine Geliebte aufgeben:
„Ich liebe dich, ich liebe dich, ich liebe dich, dein Jack!" Der jüdische Beamte macht ihn darauf aufmerksam, dass er für das gleiche Geld ruhig noch ein Wort hinzufügen könnte. Der Matrose ist ratlos. Da aber der Beamte darauf beharrt, nimmt er das Telegramm noch einmal zurück und schreibt es neu; worauf es nun lautet: „Ich liebe dich, ich liebe dich, ich liebe dich, hochachtungsvoll dein Jack!"

Zwischen Skylla und Charyddis

Im Nachtzug zwischen Tschernowitz und Lemberg. Es ist sehr heiß, Herr Kohn jammert ununterbrochen:
„Ich hob einen furchtbaren Durst! – hob ich an Durst! – Wos hob ich fir an Durst! Ach, ...“
So geht es stundenlang, niemand kann schlafen. Der Zug hält an, eine Frau verkauft Wasser. Die Passagiere sammeln, kaufen für Kohn Wasser. Der Zug fährt weiter. Alle glauben, nun endlich Ruhe zu haben.
Da hören sie Kohn von neuem:
„Ich hob an furchtbaren Durst gehobt! Wos hob ich fir an Durst gehobt. Ach, wos ...“

Gewusst wie!

Das Ehepaar Finkelstein kommt in Marienbad an. Der Arzt steckt bei der Erstuntersuchung der Frau Finkelstein ein Thermometer in den Mund. Die sonst recht geschwätzige Frau ist ein paar Minuten still. Da fragt der Ehemann: „Herr Doktor, wo konn ich hier so a wundervolles Instrument koifen?“

Unerschöpfliche Quelle

Der israelische Finanzminister reist nach Amerika, um über Darlehen zu verhandeln. Dort fragt er den amerikanischen Finanzminister, wie viel denn ein amerikanischer Arbeitnehmer im Durchschnitt verdiene.

„Circa 2000 Dollar im Monat“, gibt dieser zur Antwort.

„Und wie hoch sind die Lebenshaltungskosten?“

„700 Dollar für das Haus, 700 für Lebensmittel, 100 für das Auto und 300 für die Ausbildung der Kinder.“

„Was macht er denn dann mit den restlichen 200 Dollar?“

Darauf reagiert der Amerikaner etwas mürrisch:

„Wir sind eine Demokratie, was geht's mich an, was er mit seinem Geld macht? Was verdient denn ein Israeli?“

„Ungefähr 1000 Schekel.“

„Und wie viel braucht er zum Leben?“

„500 für das Haus, 500 für Essen, 100 für das Auto, 200 für die Ausbildung...“

„Woher nimmt er denn das Geld für Auto und Ausbildung?“

„Wos interessiert mich dos? Wir sin schließlich auch eine Demokratie!“

Goldene Zeiten

Ein Jude erhält eine Ausreisegenehmigung nach Israel. Er kommt zum Flughafen mit zwei Koffern und einem schmalen, großen eingepackten Gegenstand. „Was ist das?" fragt der Zollbeamte.

„Nicht wos is das, sondern wer is das", antwortet der Jude, indem er das Paket aufschnürt. Zum Vorschein kommt ein schön gerahmtes Bild von Stalin. „Wozu brauchen Sie denn so ein Bild in Israel?" möchte der erstaunte Beamte wissen. „Ach, Väterchen Stalin hot dos starke Dejtschland besiegt und unser Land groß und bedaitend gemocht." Der Zöllner lässt ihn passieren.

In Tel Aviv kontrolliert der israelische Zöllner und holt das Paket vom Band: „Was ist das?" „Nicht wos is das, sondern wer is das." Berl packt das Paket aus. „Wozu brauchen Sie denn das Bild dieses Verbrechers in Israel?" fragt ebenfalls erstaunt der Zöllner. „Ach, wissen Se, wenn es mir hier in Israel wird amol schlecht gehn, dann schaue ich mir das Bild an, donn wird mir das Heimweh nach Russland schon vergehen."

Er kommt zu seinem Onkel Moische. Zu Hause packt er seine Sachen aus. Als das Bild zum Vorschein kommt, fragt Moische: „Wer ist denn das?" „Nicht wer is das, sondern wos is das. Der Rahmen is aus 12 Kilogramm reinen Gold."

Falscher Adressat

Ein Jude reitet wie wild auf seinem Ross durch die Gegend. Ein Freund ruft ihm zu:
„Was reitest so schnell? Wohin??“ Ehe der Reiter aus Hörweite verschwindet, gibt er zurück: „Was frogste mich, frogs Pferd!“

Fortschritt

Ein amerikanischer Tourist besucht einen Kibbuz. Der Vorsitzende zeigt ihm die Ställe, die Felder und die Gebäude. Nach einer halben Stunde sind sie fertig. Der Amerikaner hat zu Hause eine große Farm und lächelt ein wenig, bevor er sagt: „Ich besitze eine Farm, wenn ich mit meinem Wagen früh los fahre, um meine Felder und Ställe zu inspizieren, dann bin ich gerade so zum Abendbrot wieder da.“ Darauf sagt der Vorsitzende: „Dos kenn ich, so einen Wagen hotten wir am Anfang oich.“

Defizite

Ein amerikanischer Tourist beendet seinen Israel-Aufenthalt und fährt mit dem Taxi zum Flughafen. Der Taxifahrer fragt ihn: „Na, Mister, hot es Ihnen gefallen in Israel?“ „Doch, sehr gut. Aber was mich etwas gewundert hat, wenn ich ehrlich bin, die Israelis sprechen viel über die Arbeit, das Geld, die Wohnungen ... In Amerika spricht man viel über Kultur und Kunst.“ „Naja“, gibt der Taxifahrer zu bedenken, „jeder redet viel von dem, wos ihm fehlt.“

Der erste Urlaub

Endlich ist ein Jude zu Geld gekommen. Er beschließt, zum ersten Mal in seinem Leben Urlaub im Gebirge zu machen.
Auf einer Bergwanderung kommt er vom Weg ab und fällt in eine Schlucht. Wie durch ein Wunder kann er sich im letzten Augenblick an einem dürren Busch festhalten, der zwischen den Felsen wächst. Der Jude weiß: Wenn ich abstürze, falle ich in den sicheren Tod. Verzweifelt klammern sich seine Hände um den Busch. Doch lange können sie sich nicht halten. Außerdem knackt der Busch, denn seine Wurzeln lösen sich aus dem Erdreich.
In größter Angst ruft der Jude zum Himmel hinauf: „Ist da jemand? Ist da jemand?"
„Ich bin hier, mein Sohn", ertönt eine Stimme. „Fürchte dich nicht und lass den Busch los. Meine Engel werden dich tragen und sanft auf den Boden zurückbringen."
Der Jude denkt einen Moment nach und ruft dann: „Ist da noch jemand?"

Badeurlaub

Kohn ist vom Landungssteg ins Wasser gefallen und auf die Frage, wie er eigentlich gerettet worden sei, antwortet er: „Nu, ich habe immerzu geredt' mit de Händ!"

Auf großem Fuß

Ein Tourist kommt an den See Genezareth. Dort steht ein kleines Boot zur Überfahrt bereit. Er geht hin und fragt den Bootsführer: „Entschuldigen Se bitte die Frage, was kostet hinieberzufahren ieber den See Genezareth?"

Der Bootsmann schaut ihn an und sagt: „5o Schekel!"

„5o Schekel? Dos is abber taier!"

„Nu, das is der See Genezareth, ieber diesen See is Jesus zu FUSS gegangen!"

„Kejn Wunder bei DIE Prejse!"

ÜBERFAHRT

Wer's verträgt

„Nach Sizilien wollen Sie, Herr Stern? Wo jetzt im Juli dort vierzig Grad im Schatten sind!"
„No, ich muss jo nicht partout im Schatten gehn."

Skyscraper

Zwei Juden suchen in einem Wiener Hotel nach einem Zwei-Bett-Zimmer. „Wos kostet dos bei Eich?“ Das hängt von der Etage ab: Ein Zimmer im Erdgeschoss kostet 100 Schilling, im ersten Stock sind es 80 Schilling, im zweiten 60, im dritten 50 und im vierten sogar nur 40 Schilling.“
Die Juden danken und wollen gehen. „Nun, meine Herren, sind Ihnen die Preise etwa zu hoch?“, fragt der Empfangschef. „Dos nicht, ober das Hotel ist uns zu niedrig.“

HOTEL

3. Vom Rebbe

Ich weiß,
aber ob er weiß?

Rabbi

In einem osteuropäischen Städtchen wohnen Juden und Christen zusammen. Eines Tages kommt ein neuer Pfarrer. Dieser ist gelehrt, aber gegen die Juden eingestellt. Er schreibt einen Wettbewerb aus: Wenn es einen Juden gibt, der die hebräische Sprache besser beherrscht als der Pfarrer, können die Juden im Ort verbleiben; kann der Pfarrer besser hebräisch, dann müssen die Juden den Ort verlassen. Jeder Kontrahent bekommt vom anderen einen hebräischen Text vorgelegt, den der andere übersetzen muss.
Der Rabbi fühlt sich dem Wettstreit nicht gewachsen, weil er nicht so gelehrt ist. Er fragt die Gemeinde um Rat. Es meldet sich ein einfacher Handwerker, er sei bereit, es mit dem Pfarrer aufzunehmen. Die Gemeinde ist skeptisch, aber weil sich kein anderer traut, wird schließlich der Handwerker für den Wettbewerb nominiert.
Am Tag der Entscheidung sitzen sich der Pfarrer und der Handwerker im Rathaus gegenüber. Der Handwerker bittet, zuerst seinen Text vorlegen zu können. Der Pfarrer, siegessicher, gewährt ihm die Bitte. Der Handwerker gibt ihm den Text. „Ejneni jodea‘ (übersetzt: Ich weiß nicht). Der Pfarrer sagt triumphierend: „Ich weiß nicht.“ Daraufhin wird der Handwerker zum Sieger gekürt.
Die Gemeinde bestürmt freudig den Sieger, und einige fragen: „Wie bist du auf diese geniale Idee gekommen?“ Der Handwerker antwortet:
„Ich bin in einem Dorf aufgewachsen, in dem ein sehr

beriehmter und gelehrter Rabbi wohnte. Eines Tages flisterte mir mein Onkel zu, ich soll den Rabbi nach der Bedaitung der Worte – Ejneni jodea – fragen. Und der Rabbi sogte: Ich wejß nicht. Da hob ich mir gedacht, wenn es dieser Rabbi nicht wejß, dann wejß es der Pfarrer oich nicht."

Erst am siebten Tage ruhte Gott

Herr Kohn, ein reicher Fabrikant, kommt ins Büro seiner Sekretärin und sagt: „Frejlein Finkelstein, was machen Se ejgentlich am Sabbat?" „Nichts", lächelt die junge Dame errötend. „In diesem Fall muss ich Se darauf hinwejsen, dass wer heit erst Donnerstag hobn!"

Auch in Amerika

Einem Juden ist es gelungen unter Vorspiegelung falscher Tatsachen, Mitglied in einem amerikanischen Golfclub zu werden. Monatelang geht es gut, aber eines Tages fliegt er raus. Was war geschehen? Er hatte den Ball mit einem mächtigen Schlag in den Teich der Klubanlage geschlagen. Und als er sich dem Teich näherte, um nach dem Ball zu sehen, siehe, da teilten sich die Wasser und ließen ihn hindurch!

Kunstgriff

Ein Rebbe geht am Sabbat spazieren und sieht eine Geldbörse auf der Erde liegen. Ihn überkommen aber starke Zweifel, ob er mit dem Aufheben schon gegen die Sabbatruhe verstößt.
Plötzlich fällt er auf die Knie und ruft laut aus „A Dank, oh Herr, fir dieses Wunder. Ringsum is Sabbat, aber an dieser Stelle is schon Montag."

Wie auf Erden, so im Himmel

Ein Jude kommt in den Himmel und beklagt sich bitter beim Herrgott: „Ach, Allmächtiger, mejn Sohn, mejn Sohn!" „Ja, was denn?" „Ach, mejn Sohn, mejn Sohn!" „Ja, was is denn mit deinem Sohn?" „No, er hot sich täufen lossen!" „No, und mejner?!"

Schöpfungsordnung

Maische in der Schule: „For was hot Gott den Mann gemacht vor der Frau?"
Rebbe: „Weil er hot keine Rotschlag heren wolln, wie er den Mann soll mochen!"

„Broche" heißt Segensspruch

Der Sohn reicher jüdischer Eltern bekommt zu seinem Geburtstag einen Jaguar geschenkt. Der Vater rät dem Sohn, das Auto vor Gebrauch von einem Rabbi segnen zu lassen. Der junge Mann geht zum orthodoxen Rabbi: „Rebbe, bitte, sprecht eine Broche iber meinen Jaguar!" „Eine Broche kann ich fir dich sprechen, aber wos is e Jaguar?" So geht der junge Mann also zu einem liberalen Rabbiner: „Rebbe, bitte, sprecht eine Broche iber meinen Jaguar!" „Dein Jaguar interessiert mich, aber was is a Broche?"

Monogramm

Ein Jude lässt sich in der evangelischen Kirche taufen. Auf die Frage des Pfarrers, welchen Namen er annehmen will, sagt er: „Ich möchte Martin Luther heißen." Der Pfarrer ist erfreut und tauft ihn. Danach fragt er: „Wie sind Sie eigentlich auf den Namen gekommen?" Darauf sagt der Jude: „Sehen Sie, ich hieß vorher Moische Levy und meine ganze Wäsche ist mit dem Monogramm ML bestickt. Ich hätt alles nai mochen müssen, das war doch schade drum gewesen."

Kindermund

Die kleine Sara unter dem Weihnachtsbaum: „Mama, feiern die Christen auch Weihnachten?"

Mose

Der Lehrer fragt Max: „Wer war die Mutter des Moses?"
Max: „Die Tochter des Königs Pharao."
Lehrer: „Die hat ihn doch nur im Schilf gefunden."
Max: „So sagt sie."

Standortwechsel

Zwei arme Juden gehen in Amerika die Straße entlang, da lesen sie an einer Kirche das Schild: „Wer sich taufen lässt, erhält 100 Dollar!“ Das Geld lockt, aber beide wollen sich nicht taufen lassen. Also lost man und will anschließend das Geld teilen.
Als der eine nach einer Stunde wieder aus der Kirche kommt, fragt sein Freund: „No, wie is es mit meinem Anteil?“ „Siehst du“, darauf der andere, „das is es, was wir Christen an eich Juden so verabschein!.“

Natürliche Auslese

Fragt ein Mann einen Rabbiner: „Wieso habt ihr Juden unter euch eigentlich so viele begabte Menschen: Wissenschaftler, Künstler, Politiker, Sportler, Kaufleute …?“
„Bei uns is es so“, gibt der Rabbi zurück, „doss wir glejch nach der Geburt erkennen, doss ein Kind begobt is und es wird demgemäß erzogn.“ –
„Ja, und was macht ihr mit den weniger begabten?“ –
„Die lossen wir toifen!“

Bestechende Logik

Der Rebbe ermahnt seinen Bruder, er solle doch mit dem Saufen aufhören, das schade dem Ruf der Familie. „Wos willst du denn“, fragte ihn der Trinker, „meine Familie ist besser als deine!“
Der Rebbe schaute ihn nur verständnislos an.
„Dos kann ich beweisen: Ich hob einen Bruder, der ist Rebbe, du aber hast nur einen Sajfer zum Bruder!“

Bloß gestellt!

Der Gründer der berühmten Talmud-Hochschule „Poniwez Jeschiwa" in Bne-Berak, Rabbi Josef Cahanemann, fuhr in der ganzen Welt umher, um Spenden für seine Bildungseinrichtungen zu sammeln. Eines Tages in Südafrika erzählte er einem alten Freund aus Litauen, dass er am nächsten Tag einen reichen jüdischen Geschäftsmann besuchen wolle, um von ihm eine Spende zu erbitten. Der Freund warnte ihn: „Gib dir kejne Miehe, dieser Mann is gegen die Orthodoxen Juden ejngestellt, und wenn er dich mit deine Locken und dem Kaftan sieht, wird er dir rein gornichts geben."

Am nächsten Tag ließ sich Rabbi Cahanemann bei dem Geschäftsmann anmelden. Und dieser sprach in der Tat recht abfällig über die orthodoxen Ansichten und hob seine Liberalität hervor.

„Aber Sie denken doch auch, dass die Erziehung der Kinder wichtig ist?" meinte der Rabbi darauf.

„Das schon, und ich werde Ihnen eine große Summe spenden", gab der Geschäftsmann zurück, „wenn die Kinder in Ihrer Schule ohne Kopfbedeckung in der Klasse sitzen."

„Ich nehme diese Bedingung an, wenn Sie bereit sind, die gesamten Baukosten der Schule zu tragen", sagte der Rabbi schnell.

Der Geschäftsmann war einverstanden und der Bau konnte beginnen. Die Überweisungen erfolgten regelmäßig, und nach einem Jahr lud der Rabbi den edlen Spender zur Einweihung ein.

„Da die Pflicht, eine Kopfbedeckung zu tragen, nur für Jungen gilt“, sagte Rabbi Cahanemann leise zu dem neben ihm stehenden Geschäftsmann, „hob ich mir etwas einfallen lassen.“ Und dann sprach er laut ins Mikrofon: „Ich eröffne hiermit die neue Ben-Berak-Mädchenschule.“

Nichtjüdisch

Samuel Silberstein tritt zum Christentum über. Er will in einen mondänen Golfklub aufgenommen werden. Der Sekretär fragt ihn:
„Wie heißen Sie?“
„Sam Silverstone.“
„Was ist Ihr Beruf?“
„Bankier.“
„Welche Religion haben Sie?“
„Natürlich die goyische!!“

Namen gibt's!

„Der Junge Cohn hat sich Aschermittwoch taufen lassen.“ „Ejn komischer Name!“

Metamorphose

Ein Jude zieht in eine sehr katholische Gegend. Jeden Freitag werden die Katholiken sehr nervös; denn während sie ihren Fisch essen, sitzt der Jude im Garten und grillt Steaks. Also machen sie sich daran, ihn zu konvertieren. Schließlich, mit Bitten und Drohungen schaffen sie es. Sie bringen ihn zu einem Priester, der besprenkelt ihn mit gesegnetem Wasser und spricht:
„… geboren als Jude,
… aufgewachsen als Jude,
… jetzt ein Katholik.“
Die Katholiken sind begeistert. Keine verführerischen Gerüche mehr am Freitag. Aber am nächsten Freitag zieht der Grillgeruch wieder durch die Nachbarschaft. Die Katholiken rennen alle zum Haus des Juden, um ihn an seine neue Diät zu erinnern. Sie finden ihn am Grill stehend, wo er Wasser über die dicken Steaks sprenkelt und sagt:
„… geboren als Kuh,
… aufgewachsen als Kuh,
… jetzt ein Fisch!“

Aus der Trickkiste

Zwei Bettler sitzen auf einer Bank. Der eine hat ein Kreuz in der Hand, der andere hält einen Davidsstern. Jeder hat einen Hut für Almosen vor sich. Die Leute gehen vorbei, schauen aber den Mann mit dem Stern gar nicht an, dem mit dem Kreuz aber werfen sie ein paar Münzen hinein. Dessen Hut ist voll, der andere leer.

Ein Priester sieht das und geht zu dem mit dem Stern: „Junger Mann, das hier ist ein katholisches Land, hier werden Sie mit Ihrem Stern keine Spenden bekommen."

Der mit dem Stern wendet sich an seinen Nachbarn: „Moische, konnste dir vorstelln, doss dieser Mann mecht uns belehrn, wie wir unsere Firma fiehrn?!"

Lieber Aal!

Drei Juden unterhalten sich, wer wohl den liberalsten Rabbi hat. „Unser Rabbi kummt am Schabbes mit dem Auto in die Synagoge gefohrn." „Unser Rebbe isst am Versehnungstag vor versammelter Gemeinde ein Schinkenbreetchen!" „Och", prahlt schließlich der dritte, „unser Rebbe hängt am Jom Kippur ein Schild an die Synagogentier: Haite wegen Feiertog geschlossen!"

Noch besser!

Ein Rabbi und ein katholischer Pfarrer sitzen zusammen. Der Rabbi will wissen, wie es geht: „Danke, die Gemeinde ist gut, die Arbeit macht Freude. Freilich, die Bezahlung ist miserabel! Ich bin gezwungen, ab und an die Zeche zu prellen.“ Das interessiert den Rabbi. „Nun, ich gehe um 11 Uhr essen, dann ist Schichtwechsel, und wenn der zweite Kellner kommt, sag ich, dass ich schon bei seinem Vorgänger bezahlt habe. Und weil ich im Talar bin, glaubt er's mir.“ „Tolle Idee“, meint der Rebbe, „nächste Woche gehen wir gemeinsam hin!“ Sie essen gemütlich und viel. Als der neue Kellner erscheint, um die Rechnung zu kassieren, meint der Pfarrer: „Wir haben bereits bei Ihrem Vorgänger bezahlt!“ Der Rabbi fügt hinzu: „Un auf dos Wechselgeld warten mer immer noch!“

Davon steht nichts im Talmud!

Zwei Rabbis gehen an einem Sportplatz vorbei und beobachten einen Diskuswerfer.
Einer von ihnen bemerkt: „Wos, jetzt vor Pessach wirft er die Mazzes weg?!“

Hin und her

Wieder ist ein Wettstreit entbrannt, wer den liberalsten Rebbe hat. Erster Jude: „Ist gewesen bei uns große Feiersbrunst. Is der Rebbe gestiegen oifs Dach von Synagoge und hot gesugt: Faier hin, Faier her, und Faier war weg!"
„Bei uns", sagt der zweite, „war ein Hochwasser. Is der Rebbe gestiegen oifs Dach von Synagoge und hot gesugt: Wosser hin, Wosser her, und Wosser war weg!"
Berichtet der Dritte: „Unser Rebbe hat geheert am Sabbath, doss sin gefallen die Kurse an der Berse: Hot er gesugt: Sabbath hin, Sabbath her, und is nach New York geflogen!"

Glauben

Ein Herr zum kleinen Isidor: „Sag mal, glaubst du an den Storch?"
„Ich nix, aber mei' Schwester hat dran glauben müssen!"

Einleuchtende Erklärung

Herschl will etwas zu seinem kargen Lohn dazu verdienen und spannt eine weiße Leinwand auf einen selbst gebauten Holzrahmen. Damit geht er auf den Markt und stellt sie auf.
„Was soll das bedaitn?" fragt der Erste. „Es ist doch gor nichts darauf zu sehen?"
Die Leute bleiben verwundert stehen.
Herschl erklärt: „Dos ist a Gemälde. Es zeigt den Marsch der Israeliten durch das Rote Meer."
„Aber es sind doch gor kejne Juden ze sehn?"
„Die hoben schon das andere Ufer errejcht!"
„Und wo sind die Ägypter?"
„Se sin schon alle ertrunken."
„Nu, und dos Meer?"
„Es hot sich bereits wieder beruhigt."

Schöpfung

Der kleine Sally sieht dem Sonnenuntergang zu, da sagt er plötzlich zu seinem Vater: „Gelt, Papa, jetzt macht die Sonne Pleite?"

Trotzdem!

„Vor zwej Wochen hat unser Rebbe tief geseufzt. Wir fragten: ‚Rebbe, wos is?' Er sagt: „Eben is Rabbi Jichzak in Minsk gestorben!' Stell dir vor, bis hierher hat er das gewusst!!" „Aber Rabbi Jichzak hab ich noch gestern gesehen: er lebt und ist gesund!" „Mag sein; aber auf DIE Entfernung!!"

Zur Verdauung

Zum Rebbe kommt eine Frau. Ihr Kind hat einen schlimmen Durchfall.
„Geht nach Hause und sprecht Psalmen", sagt der Rebbe, „don wird das Kind geheilt sein!"
Nach einer Woche kommt die Frau wieder: „Rebbe, das Kind ist schon wieder krank, es hat seit drei Teg keinen Stuhlgang."
„Nun, gute Frau, Gebete wirken Wunder, Geht nach Hause und sprecht Psalmen!"
„Aber, Rebbeleben, was sogt Ihr do? Psalmen stopfen doch!"

Kleingläubig?

Ein chassidischer Rabbi errichtet am Rande seines Dorfes einen Turm, auf dem einer seiner Jünger Posten steht, um das Dorf vom Eintreffen des Messias zu benachrichtigen.
Ein fremder Jude kommt des Wegs und ruft hinauf:
„Worauf wartet Ihr denn da oben?“
„Ich halte Ausschau nach dem Messias.“
„Damit verdienen Sie aber nicht allzu viel, oder?“
„Dos nicht, aber es ist ein sicherer Posten bis on meines Lebens Ende.“

Hunde, die bellen ...

Ein Talmudist lehrt seine Jünger: „Hunde, die bellen, beißen nicht.“ Nach dem Vortrag geht die ganze „Schul“ nach Hause. Da kommt ein kleiner Hund kläffend auf den Rabbi zu gelaufen. Dieser rafft den Kaftan hoch, der eben den Hund gereizt hat, und beginnt zu rennen, mit ihm alle Schüler. Ganz außer Atem fragen ihn schließlich die Jünger: „Rebbe, hast du doch eben gelehrt, doss Hunde, die bellen, nicht beißen?!“ „ICH weiß, aber weiß ich, ob ER weiß?“

Demut ist meine größte Stärke!

Am Vorabend des Versöhnungstages, des Jom Kippur, ruft der Rabbi in der Synagoge laut und herzzerreißend zu seinem Gott um Erbarmen: „Ich bin ein armer, nichtswirdiger Sinder, Herr, vergib mir."
Der Kantor stimmt mit den gleichen Worten einen wunderbar melancholischen Trauergesang an.
Die Gemeinde fällt in den Gesang ein.
Als wieder Stille einkehrt, fängt auch der Schammes, der Gebetshausdiener, der nicht zurückstehen will, an zu jammern und zu klagen. Da wendet sich ein reicher Mann zum Rabbi und meint leise: „Hört nur, Rebbe, wer es heitzutag olles wagt, sich ‚nichtswirdig' zu nennen."

In der Ruhe liegt die Kraft

Ein Talmudstudent sitzt nachts über seinen Büchern. Plötzlich hört er ein merkwürdiges Geräusch hinter sich. Er schreit vor Schreck laut auf. Dann überlegt er: „Wenn es eine Katze ist, dann bedeutet mein Schrei so viel wie ‚Huch', wenn es ein Dämon ist, bedeutet er ‚Hebe dich hinweg', wenn es aber ein Einbrecher ist, bedeutet er ‚Ich hob Angst, helft mir!"

Hohe Theologie

Ein Talmudschüler fragt den andern, „For was darf eigentlich a frommer Jude nicht ohne Kopfbedeckung herumlaufen? In der Thora steht doch kein Wort davon!“
„Das stimmt schon“, meint der andere, „aber die Thora ist voll von indirekten Hinweisen. Da steht z. B.: ‚Jakob zog aus von Beer-Seba und reiste gen Haran.‘ Glaubst du im Ernst, dass ein frommer Jude wie Jakob so einen weiten Weg ohne Kopfbedeckung gegangen is?“

Das Jenseits

Kohn philosophiert: „Es geht uns schon recht mies auf dieser Welt. Nu, dafir wird es uns im Jenseits umso besser gehen ... Dos heißt, gelacht hätt ich, wenn sich herausstelln wirde, dos es dos gor nicht gibt, dos Jenseits!“

Redekunst

In der Schule fragt der Lehrer: „Warum sind die Fische stumm?“
Moritz: „Nu, Herr Lehrer, reden Sie unterm Wasser?“

Ein Wunder

Ein Chassid erzählt: „Einmal fiel unser Rebbe ins Wasser. Dort war es iber drei Meter tief, und der Rebbe konnte nicht schwimmen. Zum Glick hatter er zwej marinierte Heringe bei sich. Die nahm er in die Hände, und sie wurden lebendig und zogen ihn heraus!"
„Das glaubst du doch selber nicht. Wie willst du das beweisen?"
„Nu, du siehst doch: der Rebbe ist noch am Leben!"

Unglaube

Zwei Juden treffen sich am Sabbat.
„Stimmt es“, sagt der eine, „dass du bist unserem Glauben abtrinnig geworn?“
„Jo“, gibt der andere zur Antwort.
„Glaubst du denn nicht mehr an Gott?“
„Weißt du, loss uns von wos anderem reden!“
Am nächsten Tag treffen sie sich wieder.
„Es lässt mir keine Ruhe, glaubst du noch an Gott?“
„Nejn!“
„No, dos hättest du mir oich schon gestern gesagt haben kennen!“
„Bist du meschugge? Am Sabbat!“

Kindermund

Der Vater liest: „Im Anfang schuf Gott den Himmel und die Erde.“ Der Sohn fragt: „Aber Tate, Papa, wer hot dann Gott gemocht?“ Der Vater: „Niemand. Er war do von alle ewigen Zeiten.“ Der Sohn fragt: „Wor er oich vor zehn Jahren da?“

Falsch gefallen!

„Rebbe, Ihr seid doch allwissend“, wendet sich der Schüler an den Rabbi, „erklärt mir doch, warum ein Butterbrot immer auf die bestrichene Seite fällt.“
„Ist das so? Wie kommst du darauf?“
„Ich glaube, es ist ein festes Gesetz.“
„Unsinn, machen wir doch eine Probe.“
Der Rabbi lässt Butter und Brot holen, bestreicht es und wirft es hoch: Es fällt auf die unbestrichene Seite.
„Siehst du, es ist Zufall.“
„Nejn Rebbe, es is a Gesetz, Ihr hobt das Brot nur auf der falschen Seite bestrichen.“

Das Auge will auch seinen Teil!

„Unser Rebbe steigt auf die Bank und sieht von dort oben bis nach Jerusalem!“
„For wos muss er da oif die Bank steigen?“
„Er will, doss die Wunder aussehen naturgetrai!“

Nur eine Frage

Ein Jude geht an einem Fleischer vorüber, sieht die herrliche Auslage und kann sich nicht beherrschen. Er geht hinein und sagt: „Wos kostet der Schinken?“ In diesem Moment tut es hinter ihm einen mächtigen Donnerschlag. Er wendet sich um und sagt: „No, fragen wird mer doch noch derfen!“

FLEISCHER
?

Streitigkeiten

Zwei Nachbarinnen gehen wegen eines Topfes zum Rebbe.
„For wos gibst du den Topf nicht zurick, den du dir host ausgeliehn?“, fragt der Rebbe die Beklagte. „Aber Rebbe!“, schreit sie, „erstens hob ich mir gor keinen Topf geliehn, zweitens hatte der Topf a Loch. Und drittens hob ich ihn schon längst zurickgegebn.“

Wie in aller Welt!

Abraham: „Vater, sag, is es wahr, dos in Afrika de Männer ihre Frauen erst nooch der Hochzeit kennenlernen?“ – „Dos is doch iberall so, mejn Sohn!“

Fremdwortsegen

Einjähriger Meyer: „Herr Feldwebel, bitt scheen, kennt ich morgen Urlaub haben?“
„Wieso?“
„Immatrikulation, Herr Feldwebel!“
„Immer diese jüdischen Feiertage!“

Kellner Moses

Ein koscheres Restaurant. Im Schaufenster hängt ein Bild von Moses. Ein galizischer Jude tritt herein – was sieht er? Der Kellner ist glatt rasiert, was nach jüdischem Ritus verboten ist. Der Jude fragt misstrauisch: „Ist das hier wirklich koscher?“ Kellner: „Natürlich, sehen Sie nicht das Bild von Moses im Fenster hängen?“ Der Jude: „Das schon. Aber offen gestanden: Wenn Ihr im Fenster hängen und Moses servieren wirde, donn hätt ich mehr Vertrauen.“

Stoßgebet

„Großer Gott, hilf mir! Du erbarmst dich doch sonst iber gonz fremde Lait, for wos nit iber mich?“

Schöpfung falsch verstanden

Kommerzienrat Mandelbaum geht mit seiner Frau spazieren. Sie bewundert die am Wege üppig wachsenden Blumen und sagt: „Sieh nur, Isidor, wie hier die Blumen wuchern.“
Er: „Red’ mer nich immer von’s Geschäft, Sarah!“

4. Chuzpe:

Von der jüdischen Lebenskunst

Und noch a Wagner

Ein Jude geht in die Oper „Tristan und Isolde“. Als er herauskommt, fragen ihn die andern: „No, wie wors?“
„Nu, mr lacht!“

Antworten

Salomonsohn wird gefragt, warum die Juden auf eine Frage immer wieder mit einer Frage antworten.
„Nu“, sagt er, „warum sollen se nich?“

Zwei fehlen trotzdem

Schmul hat sich beim Professor untersuchen lassen und legt ihm drei Rubel auf den Tisch.
„Eine Untersuchung bei mir kostet zehn Rubel“, sagt der Professor.
„Ach Entschuldigung, man hot mir gesogt finf!“

Kurz und gut

Eines Tages fragt der Rabbi: „Wieso bist du so schnell mit dem Beten fertig, es ziemt sich, längere Zeit mit Gott zu sprechen."
Herschl von Ostropol, der berühmte Spaßmacher, sagt: „Was wundert Ihr Ejch, Rebbe? Ihr misst Gott fier so vieles danken: fier Eier Gold, dos Silber, fier Eier scheenes großes Haus, die wertvollen Teppiche und die scheenen Meebel, fier Schmuck und Edelsteine, fier die edlen Pferde und die Ländereien, fier Eire junge Frau und die vielen Bediensteten und so weiter ... Bis Ihr dos olles hobt aufgezählt, is der holbe Tog vergangen. – Für was soll ich aber danken? A altes Weib, a paar hungrige Kinder, eine magere Ziege – schon bin ich fertig!"

Wünsch dir was!

Herschl und sein Freund gehen an einer großartigen Villa vorbei. „Diese Villa wünsche ich mir!", ruft Herschl begeistert aus. „Und mir wirst du eine Wohnung in deinem Haus überlassen?", fragt der Freund. „For wos?", gibt Herschl zurück. „Konnst de dir nich selber wos winschen?"

Beschränkte Möglichkeiten

Auf dem Berdytschewer Markt wird Herschl von einem Möbelhändler angesprochen. „Herschl, kauft mir diesen wundervollen Schrank ab, er ist ganz billig.“ „Was soll ich mit einem Schrank?“ fragt Herschl verwundert. „Na, Ejere Kleider hineinhängen natierlich.“ „Soll ich donn etwa nackt herumlaufen?“

Unverhältnismäßig

Herschl geht in ein Gasthaus am Rande der Stadt. Als der Hauptgang gereicht wird, seufzt er über das erbärmlich kleine Stück Fleisch dieser Portion. Als der Kellner vorbei kommt und dieses Seufzen hört, fragt er: „Ist etwas nicht in Ordnung?“ „Oi, ich musste nur seifzen, weil musste sterben a so großer Ochse fir so a klejnes Stik Fleisch!“

Wie fürsorglich!

Herschl wird gescholten, weil er zu viel trinke: „Nu, immer wenn ich trinke, wer' ich a andrer Mensch. Nu, un soll der andere nich oich was trinken?“

Abwechselndes Duell

Zwei Juden kommen zum Duell. Großes Erstaunen, es ist nur ein Revolver da: „Nu“, sagt der eine, „schießen wer eben abwechselnd!“

Eine friedvolle Religion

Am Jom Kippur, am Versöhnungstag, schlägt sich ein junger Mann in der Synagoge vehement an die Brust und seufzt und betet laut, rauft sich die Haare und überschreit alle anderen. Sein Nachbar schaut eine Zeit zu. Dann sagt er: „Junger Mann, mit Gewalt erreichen Sie hier gor nichts!“

Das kann dauern!

Sara ist schwer erkrankt und sie ruft ihren Mann ans Bett: „Moische, ich mecht, doss de weißt, ich hob mein Sterbegewand beim Schneider Samuel.“ „Beim Samuel, for wos beim Samuel? Der braucht doch Wochen, bis es fertig is!“

Mut!

Ein Schnorrer kommt zum Baron Rothschild: „Helfen Se mir, ich hob schon drei Teg nichts gegessn!“ Der Baron legt ihm die Hand auf die Schulter und meint ermutigend: „Du musst dich zwingen, mejn Sohn!“

Lebenskunst

Der junge Dr. Goldbaum hat eine Klinik im armen jüdischen Viertel des Städtchens eröffnet. Eines Tages wird er zu einem sehr armen Mann gerufen, der in einer alten, halb zerfallenen Hütte lebt Der Arzt untersucht ihn und hat Mitleid. Er stellt eine Flasche Medizin auf den Schemel und legt 10 Gulden dazu. Nach einer Woche klingelt es an der Praxis, und der alte Mann steht vor der Tür: „Ich wollte mich bei Ihnen bedanken, Herr Doktor. Aufgrund Ihrer großziegigen Spende konnt ich mir jetzt endlich einen Spezialisten kommen lossen."

Abwarten!

Zwei jüdische Kaufleute treffen sich: „Ich hob gehert, dejn Haus is ausgebrannt!" – „Psst! – erst nächste Woche!"

Abkommen

„Samuel, wach auf, du sprichst im Schlof, wos konnst de dich nich beherrschn!" –
„Nu gut, einigen wir uns! Du wirst mich reden lossen, wenn ich wach bin, und ich wer versuchen, mich zu beherrschen, wenn ich schlof."

Kein Duell

Ein Ehrenhandel soll durch ein sogenanntes amerikanisches Duell ausgetragen werden. Dabei muss aus einer Urne eine Kugel gezogen werden. Ist sie weiß, hat der Duellant Glück gehabt, ist sie schwarz, muss er allein in ein Zimmer gehen und sich erschießen. Ein Jude zieht nun die schwarze Kugel, er geht ins Nebenzimmer, man hört einen Schuss. Alle stehen erschüttert da. Da öffnet sich plötzlich die Tür. Der Jude kommt strahlend heraus und sagt: „Frejt eich mejnes Glicks, ich hob mich nicht getroffen!"

Eigentlich gab und gibt es keine Duelle unter Juden, aber Witze darüber schon:

Zwei Juden zanken sich, bis es zum Duell kommt. Am darauf folgenden Morgen wartet der eine am vereinbarten Platz: Es ist 6 Uhr, es ist 7 Uhr, 8 Uhr ... niemand kommt. Endlich nähert sich ein berittener Bote mit einer Nachricht vom Kontrahenten: „Bin durch wichtige Geschäfte verhindert, schießt ruhig schon ohne mich!"

Sprachentwirrung

Ein alter Jude sitzt auf einer Parkbank in Moskau und liest eine jüdische Zeitung. Das sieht ein KGB-Agent: „Was lesen Sie da?"!" „Hebräisch, die Sprache Israels." „Sie glauben doch nicht, dass Sie dorthin ausreisen dürfen!" „Nu, vielleicht nicht, aber Hebräisch ist auch die Sprache des Himmels!" „Wieso sind Sie so sicher, dass Sie in den Himmel kommen, vielleicht kommen Sie ja auch in die Hölle?" „No, Russisch kann ich schon."

In der Tinte sitzen

Ein sowjetischer Jude besucht seine Verwandten in Israel, und vor der Rückreise verabreden sie sich: wenn er in die Sowjetunion zurück kommt, wird er die Briefe mit blauer Tinte schreiben, falls es ihm gut geht, und mit grüner Tinte, falls das Leben unerträglich wird, da die Postkorrespondenz in der Sowjetunion kontrolliert wird. Der erste Brief kommt mit blauer Tinte geschrieben: „Das Leben bei uns ist wunderscheen, man kann alles kaufen, was man will, außer griene Tinte ..."

Kartoffeln im Flug

„Im Jahr 2000“, sagt Breschnew in seiner Rede am 1. Mai am Roten Platz in Moskau, „wird jede sowjetische Familie einen eigenen Hubschrauber besitzen.“
„Wer braucht denn a Hubschrauber?“ fragt Jankel den neben ihm stehenden Moische.
„Nu, dos ist doch praktisch! Wenn du in Charkow wohnst und heerst, in Moskau werden Kartoffeln verteilt, dann stejgst du in deinen Hubschrauber, und husch fliegst du nach Moskau und holst dir Kartoffeln.“

Dem unbekannten Soldaten

Ein Mitglied der Zionistischen Bewegung wird auf einer Reise nach Israel ans Grab des unbekannten Soldaten geführt. Als er hinschaut, sieht er, dass dort steht: Aaron Goldstein, Philosoph, „Wie konn a unbekannter Soldat en Namen hoben?“ – „Als Soldat war der Goldstein unbekannt, aber als Philosoph is er sehr beriehmt gewordn!“

Echte Trauer!

Der verwitwete Rubinstein beklagt sich. „Dos Begräbnis is gewesn so tajer,‘s wär mer fost lieber gewesn, se wär nich gestorbn!“

Hund und Bär

Ein Student gerät mit einem Juden namens Bär in Streit und fordert ihn auf Pistolen. Er sagt zu ihm: „Wenn Sie das Duell nicht annehmen, sind Sie ein Hund!" – „Ich will lieber sein e lebendiger Hund, als wie e toter Bär", antwortet der Jude.

Schwarz auf weiß

Bei einer kleinen Stadt im Süden der USA ist eine Garnison stationiert. Lady Miller will einen festlichen Ball geben. Es fehlen aber noch Männer. Sie ruft in der Garnison an und lässt dem Kommandeur ausrichten: „Schicken Sie uns doch bitte einige Offiziere für den Ball, aber ja keine Juden."
Am Abend stehen zehn Offiziere in ihrer Gala-Uniform vor der Tür: zehn gut gebaute Schwarze! „Das muss ein Irrtum sein!" stammelt Lady Miller. „Ein Irrtum kann ausgeschlossen werden", meldet einer der Offiziere, „Colonel Goldstein irrt sich nie."

Grenzbetrachtung

Schmul will einen Hund kaufen und geht in die Tierhandlung. Vor einer riesigen Dogge bleibt er interessiert stehen. „300 Schekel“, sagt der Tierhändler. Schmul zeigt auf einen hübschen Dobermann. „500 Schekel, sagt der Verkäufer. Schmul erblickt einen kleinen Foxterrier. Es erweist sich, dass der 1000 Schekel kosten soll. Schmul betrachtet fasziniert einen winzigen Zwergpinscher. „2000 Schekel“, erklärt der Verkäufer. „Sagen Sie“, fragt Schmul neugierig, „und wos kostet bei Ihnen gor kejn Hund?“

Klage erhört!

Zwei Juden klagen an der Klagemauer. Einer ist arm, der andere reich. „Zwei Dollar, lieber Gott, zwej Dollar!“ „Eine Million, lieber Gott, gib mir ejne Million, lieber Gott!“ „Zwej Dollar, lieber Gott, zwej Dollar!“ Da reißt dem reichen Juden der Geduldsfaden: „Da host du zwej Dollar, nur lenk mer den lieben Gott nich weiter ab!“

Nichts geht los!

Itzek steht in seinem Garten, schmeißt eine Handvoll Münzen in die Luft und ruft: „Herr, mach, dass ich gewinn de Lotterie.“ Nichts geschieht. Das wiederholt er einige Wochen.
Nach zwei Monaten tut sich plötzlich der Himmel auf, und eine Stimme erschallt: „David, gib mir a Chance, kauf dir a Los.“

Witz ist nicht gleich Witz

Kaminski fangt an, seinem Freund Goldberg einen Witz zu erzählen: „Motel und Jankel gehen zu einer Bar-Mizwa …“
„Kannst du auch mal etwas anderes erzählen als immer nur jüdische Witze?“ unterbricht ihn Goldberg. „Kennst du keinen chinesischen Witz?“
„Klar kenne ich auch chinesische Witze, pass auf. Sing Chan Su und Tao Ku Wöng gehen zu einer Bar-Mizwa …“

Ein- und Ausgang ist das Leben?

„Rabbi, sag mir, lebt me das Leben von 'erinnen nach 'eraußen oder von 'eraußen nach 'erinnen?“
Der Rabbbi verlangt eine Woche Zeit zum Nachdenken. „Nach einer Woche kommt der Fragesteller wieder: „Rabbi, lebt me das Leben nu von 'erinnen nach 'eraußen oder von 'eraußen nach 'erinnen?“
„Wenn ich mirs recht iberleg, muss ich dir sagen: Nejn!“

Das hilft!

Im alten Petersburg fiel ein Jude in die Newa. „Gewalt!“, schrie er. „Rettet mich!“
Zwei zaristische Polizisten hören es, machen aber keine Anstalten, ihn herauszuholen.
„Hilfe, ich ertrinke!“ Doch die Polizisten lachen nur. Dem Ende nahe schreit schließlich der Jude: „Nieder mit dem Zaren!“ Sofort springen die Polizisten ins Wasser, ziehen ihn heraus und führen ihn ab.

P, P und wieder P

„Mojsche, wos soll ejgentlich das P im Namen Haman?"
„Im Namen Haman is doch gor kejn P."
„No, for wos is keins drin?"
„Wos soll denn ein P im Namen Haman?"
„Dos frog ich doch gerade!"

Also doch!

„Nechtn, ich mojn gestern, is der Mendel bei mir gewest. Wollt er mich verpriegeln."
„No, for wos wejst du dos, dos er hat gewollt?"
„No … hätt er nicht gewollt, hätt er's nicht gemocht!"

Kriegerischer Friede

„Rebbe! Ihr seid doch allwissend. Sagt mir, wird es Krieg geben?"
Der Rabbi denkt lange nach und verkündet: „Es wird keinen Krieg geben, aber es wird einen gewaltigen Kampf um den Frieden geben, dass kein Stein auf dem anderen bleiben wird!"

Schillerndes Geschäft

Ein Jude kommt in einen Buchladen: „Ich mechte Schillers Sämtliche Werke!“ „Welche Ausgabe?“, fragt die Verkäuferin. Der Jude nickt mit dem Kopf: „Recht habt Ihr, welche Ausgabe!“, und verlässt das Geschäft.

Guter Rat zu teuer

Goldenreich erscheint beim Kurarzt zur ersten Untersuchung. Der untersucht ihn gründlich und stellt eine angegriffene Leber und eine kaputte Lunge fest.
„Goldenreich, Sie trinken viel.“ „Jo, Herr Doktor, jeden Tog a Liter Schnaps.“
„Nach ihrem Husten zu urteilen, rauchen Sie auch sehr viel.“ „Jo, Herr Doktor, 10 Zigarren am Tog.“ „Sie müssen damit aufhören, sonst kann ich für nichts garantieren.“ Goldenreich steht auf und will hinausgehen. Der Doktor hält ihn zurück und meint: „Ich bekomme noch 20 Schilling für meinen Rat.“ „For wos?, ich nehm ihn jo nicht an!“

Schlafstörungen bei Tieren

„Hat der Herr gut geschlafen?“, will der dienstbeflissene Wirt wissen. „Ja, tief und fest. Nur die armen Wanzen hobn de gonze Nacht kejn Ojge zugemocht.“

Arm oder reich?

„Wenn du auf der Gass hunderttoisnd Rubel findn wirdest, Isidor – wirdest du sie abliefern oder beholtn?“ „Weißt du, das kumt drauf an. Wenn ich wißt, dass se dem Baron Rothschild geherten, tät ich se beholten. Wenn se ober unserm Sinagogenvorsteher geheren wirden, der so arm is, dann tät ich se zerickgeben!“

Fast wie in Italien

„Mojsche, wos bist'de hait so schweigsom?“ „Bei der Kälte soll ich die Händ aus den Taschen nehmen?“

Des Pudels Kern

„Eli, ich will dir a Problem zu lesen gebn: Do is a Teich, rund herum fiehrt a Weg. An einem Ufer steht a Dackel und will auf de andere Seite. Er darf ober nicht schwimmen, noch auf dem Weg laufen. Wie kummt er hiniber?“
„Do muss ich denken ... Nejn, ich wejs es nicht.“
„Gonz ejnfach: er schwimmt.“ „No, ich denk, er soll nicht schwimmen?!“
„No, er schwimmt eben doch!“

Paradiesische Zustände

Stalin bestellt die Oberhäupter der drei großen Religionen in Russland zu sich. Der Patriarch erscheint, der Imam und der Oberrabbiner. Stalin befiehlt ihnen, sie sollen verkünden, dass der Kommunismus schon am Anfang der Welt existiert hat und vor aller Religion da war. Der Patriarch und der Imam lehnen ab, diese Lüge könnten sie nicht weiter verbreiten. Der Rabbiner aber sagt zu. Draußen stürmen die beiden auf den Rabbiner ein und fragen ihn, wie er das verantworten könne. Da sagt der Rabbiner: „Dos ist doch ganz ejnfach. Stalin hat recht. Schauen wir doch an den Anfang der Welt: Zwej arme Menschen, Adam und Eva, missen nackt und barfuss umherirrn. Erst stehen se an einer Schlange, dann streiten se sich um frisches Obst, denunzieren se einander bei der Beherde, nu, un dos Ganze wird dann als Paradies angepriesen.“

Sauer macht lustig

Ein Jude bestellt im Restaurant: „Kellner, ein Teller Borscht!“ Der Kellner bringt einen Teller Suppe und der Gast beginnt zu essen: „Kellner, die Borscht is nich sauer genug!“ „Das is keine Borscht, das is Buljong.“ „Is es Buljong, is es sauer genug!“

Warum einfach, wenn's ...

Ein Rabbi im Restaurant. Er bestellt sich eine Suppe. Der Kellner bringt diese und stellt sie auf den Tisch. Er dreht sich um und will gehen, da spricht ihn der Rabbi an: „Probieren Sie mal die Suppe!“ Kellner: „Kein Problem, wenn die Suppe zu kalt ist, tausche ich sie aus.“ Rabbi: „Nejn, nejn, probieren Sie sie selber mal!“ Kellner: „Aber, mein Herr, ist gar kein Problem, ich bringe Ihnen eine neue, wunderbar frische und warme Suppe.“

Rabbi: „Probieren Sie!“ Kellner: „Also...“ Rabbi: „Probieren, hob ich gesagt!“ Der Kellner setzt sich: „Wo ist denn der Löffel?“ Rabbi: „Eben!“

SOS

Ein Schiff ist in Seenot. Ein alter Jude beginnt zu jammern und zu beten: „Lieber Gott, dos Schiff is verlorn, es wird untergehn, rette dos Schiff!"
Sagt ein anderer Jude: „Wos jammerst du?? Is es vilLeicht dein Schiff?!"

Logik, die besticht

Simon Stern bestellt in einer Konditorei einen Apfelkuchen, lässt ihn dann aber wieder zurückgehen und nimmt dafür einen Likör. Als er ausgetrunken hat, verlässt er das Lokal. „Herr", ruft ihm der Konditor nach, „Sie haben den Likör nicht bezahlt!"
„No, ich hob Eich doch den Apfelkuchen davor gegeben." „Aber der war doch auch nicht bezahlt!"
„No, hob ich ihn denn gegessen?"

Versicherungsbetrug

Ein Kantor prahlt vor seiner Gemeinde: „Ich hob meine Stimme für 55000 Dollar versichern lassen."
Nach einem kleinen Moment respektvoller Stille tönt es aus der hinteren Reihe: „Und was hobt Ihr mit dem Geld gemocht?"

Der hat Probleme

Wir schreiben das Jahr 1949. Im jungen Staat Israel herrscht starke Finanznot. Aus arabischen Ländern, Europa und aus Übersee strömen die Einwanderer in das Land. David Ben Gurion fragt seinen Finanzminister Kaplan: „Du bist doch a kluger Kopf, fallt dir nicht ebbes ein, wie wir uns mehr Geld beschaffen kennen?"
Kaplan überlegt eine Weile, dann meint er: „Es ist gonz einfach. Wir machen es wie Deutschland, erklären Amerika den Krieg, donn werden wir besiegt und erhalten riesige Mengen Geld, um das Land wieder aufzubauen."
„Das ist eine sehr gute Idee!" meint Ben Gurion.
Doch dann wird er nachdenklich: „Aber wenn ich mir es recht iberlege: Wos ist, wenn wir Amerika besiegen? Woher nemmen wir dos Geld, um Amerika wieder aufzubauen?"

Canto corrente

Was siehste so niedergeschlagn aus, Jizak?" „Ich hob verlorn mejn Penunse bejm Rennen!" „No, recht geschieht!, vor wos gejste nicht longsam!"

Urinstinkt

Ein Jude kommt zum Apotheker und fragt, was eine ihm verschriebene Urinprobe kostet. „Zwei Mark fünfzig!“ Da geht der Jude wieder. Doch schon am nächsten Tag kehrt er mit einer großen Flasche zurück und lässt die Probe machen. Als er erfährt, dass alles in Ordnung ist, läuft er ans Telefon und ruft seine Frau an: „Sarah, herst du, ich bin gesind, du bist gesind, de Ruth is gesind, das Jakoble is gesind, de Magd is gesind, der Knecht is gesind, de Ziege is gesind, der Hund is gesind!“

Sehr anständig

In der Wiener Presse erschien folgende Annonce: „Für die Kinder des Barons Rothschild wird ein Klavierlehrer mit Englisch- und Französischkenntnissen gesucht.“ Am nächsten Tag klingelt ein galizischer Jude im Kaftan am Tor der Rothschilds.
„Ich komm wegn der Anzeige.“
Der Sekretär schaut ihn misstrauisch an: „Sprechen Sie denn Englisch und Französisch?“ „Nejn.“
„Aber Sie geben Klavierstunden?“ „Nejn, oich nicht!“
‚Ja, weshalb sind Sie denn dann gekommen?“
„Bitt schee, ich wollt dem Herrn Baron nur mittejlen, dass er auf mich nicht rechnen mecht!“

Der Tausch

Nathan Rosenstrauch ist gestorben und hat seine drei Freunde Moritz, Isaak und Baruch zu Erben eingesetzt, mit der Bedingung, dass ein jeder von ihnen ihm 1000 Mark in den Sarg legen müsse. Beim Begräbnis legt nun Isaak zehn neue Hundertmarkscheine, Moritz 50 neue Zwanzigmarkstücke in den Sarg. Baruch dagegen nimmt die Hundertmarkscheine und die Goldstücke heraus und legt dafür einen Wechsel über 3000 Mark in den Sarg.

Schnell geschaltet

Schlomo und Chaim wandern durch einen tiefen Wald. Da werden sie von Räubern überfallen: „Geld oder Leben!"
In diesem Augenblick wendet sich Schlomo an seinen Begleiter: „Mir fällt gerade ein, Chaim, doss ich dir noch finfzig Rubel schulde. Nu, hier host du dein Geld, nu sin mer quitt."

Der Philosoph

Zwei Juden sitzen schweigend bei einem Glas Tee.
„Wejß du“, sagt der eine, „dos Leben is wie a Glas Tee mit Zucker.“
„Ein Glas Tee mit Zucker?“, fragt der andere.
„Wie kommst du darauf?“
„Woher soll ich dos wissen?“, antwortet der erste Mann.
„Bin ich a Philosoph?“

Höhere Gewalt

Ein Neureicher hat sich eine Villa mit Garten gekauft. Stolz zeigt er alles seinem Freund.
„Natirlich is olles geegen Feier, Genewje (Diebstahl) und Hagel farsichert!“
„Gegn Hagel?“, verwundert sich der Freund: „No, wie machst du Hagel?“

Die Äpfel

„Vater, geb 'mer e Mark! Draußen steht e Mann mit Äpfeln!“
„Was biste doch für en Chammer, Moritz! Streck 'em de Zung raus, gleich werd er d'r nachschmeißen de Äpfel.“

Schönheit?

Sara sitzt vor dem Spiegel und putzt sich. „Du musst doch zugeben, Isidor, hibsch bin ich immer noch, nicht?"
„Recht hast. Hibsch bist du immer noch nicht!"

Verkaufte Ehre

1914 an der russischen Front: Der österreichische Kommandant lobt 100 Gulden aus für den, der die Fahne des Gegners erobert. Nach zwei Stunden kommt Isidor Blumentau mit der Fahne an. Vor versammelter Mannschaft wird er belobigt und bekommt die 100 Gulden. Danach kommt der Kommandant und fragt: „Du bist doch sonst eher zurückhaltend, wie hast du das dann gemacht?" Blumentau darauf „Dos war ganz ejnfach. Ich hob gesehen, dass der russische Fahnenträger oich a Jude war und da hob ich mit ihm gemocht halbehalbe."

Eine Frage des Zinses?

Der reiche Schmihl hat eines Tages seine Geldbörse mit 2000 Gulden auf dem Weg zum Markt verloren. Er lässt ein Plakat auf dem Markt aushängen: „Geldbörse mit 2000 Gulden vermisst. Der ehrliche Finder bekommt 50 Gulden. Schmihl." Der stadtbekannte Schnorrer Schlojme schreibt in der Nacht darunter: „Biete 100 Gulden, Schlojme."

Der Wert von Beispielen

„Vater, wos bedeitet ejgentlich Ethik?" „Ich will dir a Beispiel sagen: Zu mir ins Geschäft kummt a Kunde, kauft einen Mantel for sechzig Mark und zahlt mit einem Hunderter. Wie ich hinschaue, hot er das Wechselgeld vergessen. Siehst du, und jetzt beginnt die Ethik: Soll ich das Geld einstecken, oder soll ich mit meinem Kompagnon teiln?"

Hochachtung vor solcher Sparsamkeit!

Kohn gibt ein Telegramm an Goldberg auf: „Angebot akzeptiert. Brief folgt. Hochachtungsvoll Kohn."
Gibt ihm der Schalterbeamte den freundlichen Rat: „Hochachtungsvoll kennen Se weglossen."
Darauf Kohn: „Ach, Se kennen den Goldberg?"

Frische Fische! Frische Fische!

Ein Talmudschüler war beim Gemeindevorsteher eingeladen. Es gab Fisch, aber der Fisch stank schon. Der Schüler wagte es nicht, den Fisch abzulehnen. Also beugte er sich vor und murmelte etwas zu dem Fisch.
„Was macht Ihr da?“, fragte der Vorsteher.
„Ich red mit dem Fisch!“ „Und was redt Ihr mit ihm?“
„Ihr misst wissen: in unserm Stettl ist vor zwej Wochn ein Jud ertrunkn, und man hat ihn nicht findn kennen. Da hob ich den Fisch gefragt.“
„Und, hot er ihn gesehn?“
„Er sagt, davon wejß er nix, er sei schon solange aus dem Wasser.“

Alternierende Gnade

Kaiser Franz Joseph besichtigt ein Zuchthaus. Leutselig fragt er einen Gefangenen, wie viele Jahre er zu verbüßen hat.
„Lebenslänglich, Eire Majestäät.“
„Wissen's was, Herr Gefängnisdirektor, ich schenk dem Mann die Hälfte.“
Was tun? Niemand weiß, wie der kaiserliche Gnadenakt in die Tat umzusetzen ist. Erst ein Rabbi findet eine Lösung: „Nu, soll er abwechselnd einen Tog sitzen und einen Tog frei sein.“

Auf die Betonung kommt es an!

Ein Jude steht vor Gericht, weil er einen anderen einen Gannew, einen Dieb, genannt hat. Nun soll er es widerrufen und sagen, dass der Josel kein Dieb ist. Er sagt: „Der Josel ist kein Gannew?"
„Das ist doch falsch betont", meint der Richter. „Bitt scheen, von der Betonung steht nichts im Urteil!"

Berufsgeheimnis

„Beschreiben Sie genau, wie Sie dem Geschädigten die goldene Uhr samt der Kette entwendet haben!"
„Hohes Gericht, bitt scheen, fir eine solche Lektion bekomme ich 10 Gulden de Stunde!"

Mit Schwung

Als das Signal gegeben wird, klettert die Kompanie aus den Schützengräben und geht zum Sturmangriff vor. Nur Levy läuft nach hinten. Der Hauptmann greift ihn: „Da vorn steht der Feind!" „No, man wird doch noch ejnen klejnen Anlauf nehmen derfen?!"

Relativ auf der Hut

„Sog mol, Feitel, bist du doch so a kluger Mensch. Was is ejgentlich Relativität?“
„No, wer ich dir erklären: Stell dir vor, du kaufst e najen Hut“
„... Kann ich mer nicht vorstellen!“
„Stell dir vor, du kaufst dir e najen Hut!!“
„Kann ich mer nicht vorstellen: hob gestern erst einen gekauft!!!“
„Aber bitte, das ist doch lächerlich: stell dir ...“
„Konn ich mer nich vorstelln!“
„No, dann kann ich dir oich nicht erklärn, was is Relativität!“

Freizügigkeit

Der reiche Gedalje ist seit Monaten bettlägerig. „Seit er krank is, is er gor nicht mehr geizig“, meint ein Schnorrer zum andern, „richtig freigebig is er.“
„Kunststick“, meint der andere, „mit dem Geld sejner Erben!“

Noch nicht, noch immer nicht!

Ein Arzt wird zur Entbindung von Frau Baronin Rothschild gebeten. Als er die Frau sieht, hält er den Augenblick noch nicht für gekommen und schlägt dem Herrn Baron eine Partie Karten vor. Da dringt ein Weheruf der Frau Baronin aus dem Zimmer nebenan: „Oh, mon Dieu, comme je souffre!“ (Mein Gott, wie ich leide!) Der Gatte springt auf, doch der Arzt zieht ihn wieder an den Tisch: „Noch nicht!“ Sie spielen weiter. Da! Erneutes Schreien: „Mein Gott, mein Gott, was für Schmerzen!“ „Wollen Sie nicht hingehen, Herr Professor?!“, fragt Baron Rothschild erneut. „Noch nicht, es ist noch Zeit!“ Man spielt weiter. Da dringt es aus dem Zimmer: „Ai waih-ai waih ...“ Der Arzt wirft die Karten hin: „Es ist Zeit!“

Trauer

Als Baron Rothschild zu Grabe getragen wird, geht ein abgerissener Jude im Trauerzug mit. Er weint bittere Tränen.
„Waren Se denn mit ihm verwandt?“, fragt leise sein Nebenmann.
„Nejn“, schluchzt der Jude. „Ja warum heulen Sie denn dann?“ „No, deswegen!“

Sitzfleisch

Zwei Juden in einer Gefängniszelle. Der eine liegt und ist die Ruhe selbst, der andere läuft nervös auf und ab. Da sagt der auf der Pritsche: „Sog mal, wos rennst du so hin und her? Gloibst du, wenn du gehst, doss du dann nich sitzt?“

Gans am umgedrehten Spieß

Pinkas steht vor Gericht. „Ob ich dem Herrn Richter vielleicht eine Gans schicken mecht?“ „Um Gottes willen“, ruft sein Anwalt, „das wäre ja ein Bestechungsversuch, da hätten wir den Prozess gleich verloren!“ ... Sie gewinnen den Prozess. Pinkas schmunzelt: „Und ich hob dem Hohen Gericht doch eine Gans geschickt!“ „Das haben Sie gewagt?“, meint sein Anwalt. „No, ich hob aber die Visitenkarte vom Kläger reingesteckt!“

Hündisches Benehmen

Ein schöner Sommermorgen. Ein Jude spaziert im Stadtpark, ein Hündchen läuft hinter ihm her. Da kommt ein Polizist und sagt streng: „Nehmt den Hund an die Leine! Sonst zahlt Ihr Strafe!“ Der Jude geht wortlos weiter. Der Polizist wird böse: „Wenn Ihr nicht sofort den Hund an den Riemen nehmt, zahlt Ihr eine Geldbuße!“ Der Jude geht weiter. Da zieht der Polizist sein Notizbuch hervor, schreibt etwas hinein und reicht das Blatt dem Juden mit dem. Befehl: „Drei Schilling!“ Der Jude bleibt stehen: „For wos soll ich zahlen? Dos is doch nicht mein Hund!“ „So? Und warum läuft er Ihnen nach?“ „Nu – Ihr lauft mir doch auch nach!“

Was wahr ist, muss gesagt werden!

Jankel und Jossl stehen vor dem Rabbi. „Hör mal, Jossl“, beginnt der Rabbi, „du sollst gesagt haben, dass Jankel ein ganz gemeiner Dieb und Gannew ist. Entspricht das der Wahrheit?“
Jossl antwortet strahlend: „Is es wahr, aber gesogt hob ich es nicht.“

Es menschelt überall

Vor der Schlacht feuert der Hauptmann seine Leute an: „Soldaten, jetzt geht es Mann gegen Mann. Musketier Ruben fragt: Herr Hauptmann, kennt Ihr mir nicht mejnen Mann zeigen? Viellejcht kenn mer uns ja gietlich einigen.“

... aber gut erfunden!

Ein jüdischer Vater erzählt, er habe mit seinem Sohn „Unter den Linden“ auf den Kaiser gewartet. Als dieser nun vier- oder sechsspännig angefahren kam, habe das Jakoble sich vom Taten (Vater) losgerissen und sei schnurstracks auf des Kaisers Karosse losgerannt, so dass diese anhalten musste! „No, und wos hot der Kaiser gesagt?“, fragt ein atemloser Zuhörer. „Er hot gesugt: Wemenem gehärrt dieses Kind?“

Soldaten sind auch nur Menschen

Ein Jude kommt frisch an die Front. Eben nähert sich eine feindliche Patrouille. Das Feuer wird eröffnet. „Hert auf zu schießen!“, schreit der Jude, „seht ihr nicht, dass dort Menschen sind?!“

Hoch hinaus

Man erwartet eine Rekrutierungskommission im Stetl. Die Burschen verstecken sich und mit ihnen auch ein alter Jude.
„Wos hobt Ihr denn zu firchten?“, wundern sich die jungen, „einen alten Mann wie Eich kennen sie doch nicht brauchen!“ „Nu, und Generäle brauchen sie villejcht kejne?“

Rhetorische Frage

„Rekrut Goldschmitt, warum soll der Soldat im Schützengraben nicht rauchen?“ „Recht ham’s, Herr Leitnant, for wos soll er nicht?!“

Eindeutig zweideutig

Zwei bildungshungrige Juden gehen in eine Ausstellung moderner Bilder. Sie streiten sich heftig vor einem Gemälde, ob es ein Porträt oder eine Landschaft sei. „Dos is a Porträt!“ „Nejn, dos is a Landschaft!“ Schließlich bringen sie das große Opfer und erstehen einen Ausstellungskatalog. Unter der Nummer des Bildes finden sie: „Bild 59: Kornfeld“. Sie sehen sich an und sagen wie aus einem Munde: „Dos soll mer wissen!“

Entfernungsmesser

Als der Feind zum Angriff übergeht, ergreift Kohn als erster die Flucht. Er rennt und rennt, fast rennt er schließlich einen Offizier um. Er nimmt Haltung an: „Herr Hauptmann, ich melde gehorsamst ...“ „Was heißt hier Hauptmann, sind Sie blind? Sehen Sie nicht, dass ich General bin?!“ „Wos? So weit bin ich schon?!“

Oh Weh! Oh Weh!

Im 19. Jahrhundert machten sich die k. und k. Beamten einen Spaß daraus, ihren jüdischen Mitbewohnern hässliche Familiennamen zu geben, weil es Vorschrift wurde, einen solchen zu tragen. Der Mann kommt vom Standesamt zurück. Die Frau fragt neugierig: „Wie heißen wir denn jetzt?“
„Schweissheimer.“ Schreckliches Wehklagen bei der Frau: „Kunst du nicht was machen, um einen ondern Nomen zu bekommen?!“ „No, was meinst du, was mich hot gekostet allein das ‚W‘!“

Der Anschiss lauert überall

Schmul steht Wache, der General soll kommen. Nervös kommt ständig der Leutnant herausgelaufen und fragt, ob der General noch nicht da sei. Endlich kommt der General. Schmul tritt vertraulich an ihn heran und sagt halblaut zu ihm: „Herr General, macht Eich auf einen Anschiss gefasst, der Leitnant hot schon drej mol nach Eich gefrogt!"

Treppen steigen

Der Herr Major begegnet auf der Treppe einem Hausierer, schnauzt ihn an, kauft ihm aber schließlich doch, da er ein herzensguter Mann ist, eine „Luëg" ab, für eine Mark. Lachend zeigt er's seiner Frau.
„Aber ich habe ihm ja soeben auch so ein Ding abgekauft, aus Mitleid, für eine Mark!"
„Johann, lauf' dem Juden nach! ER soll augenblicklich wieder heraufkommen, aber augenblicklich, sonst ... !"
„Schmuhl, Sie sollen gleich noch einmal zum Herrn Major kommen, aber au-gen-blick-lich-!"
„Gott der Gerechte! Ich bin e alter, kranker Mann! Jeder Schritt tut mer weh! Weiß ich doch ganz genau, was der edle Herr Major will! E Luëg will er! Haben Se vielleicht e Mark, Herr Soldat? Ja? Da haben Se e Luëg' für'n guten Herrn Major! Haben Se mer denn die Mark gegeben? Ja? Brauch' ich doch die vielen Treppen net noch emal zu steigen!"

Ein Realist

Cheskel Herz, ein russischer Nihilist, ist zum Tode verurteilt. Kurz vor der Exekution tritt der Rabbiner in seine Zelle.
„Ich komme zu Eich, um Eich das Wort Gottes zu verkinden."
Herz: „For dos brauch ich Eich? In a holbn Stunde sprech ich mit Eirem Herr Chef perseenlich!"

Warum oder?

Tante: „Morizle, willst du Apfelkuchen oder Pflaumenkuchen?"
Morizle: „Warum ‚oder'?"

Nicht Fisch, nicht Fleisch

Kohn im Restaurant: „Ober, gebt mir von dem Fisch!"
„Verzeihung, mein Herr, das ist Schinken!"
„Hob ich gefrogt, wie er heeßt, der Fisch?"

Bewegung empfohlen

In Petersburg gehen zwei Juden auf der Straße. Der eine hat eine Aufenthaltsgenehmigung, der andere nicht. Plötzlich kommt ein Polizist um die Ecke. Was tun? Der mit der Aufenthaltsgenehmigung rennt los. Der Polizist hinterher. Als er ihn hat, fragt er: „Hast du eine Aufenthaltsgenehmigung? Zeig sie!" Der Jude zeigt sie vor. „Warum bist du denn weggelaufen?" „Bin ich weggelaufen? Der Arzt hat mir Bewegung verordnet." „Aber du hast doch gesehen, dass ich hinter dir hergelaufen bin!" „Nu ich dachte mir, Ihr hobt vielleicht den glejchen Arzt!"

Auf einem Wohltätigkeitsball

„Gestatten: von Bredow, Leutnant der Reserve."
„Sehr angenehm. Lilienthal, dauernd dienstuntoiglich."

Ausgezeichnet, ausgezeichnet!

Ein Jude hat sich im russisch-japanischen Krieg bewährt. Er darf wählen zwischen dem Georgskreuz und einhundert Rubeln.
„Wie viel ist das Georgskreuz wert?", will er wissen.
„Sinnlose Frage!", schnauzt der Offizier. „Das Kreuz ist höchstens einen Rubel wert. Hier geht es doch um die Ehre!" „Verstehe!", sagt der Jude, „dann gebt mir also ... neunundneunzig Rubel und das Kreiz!"

Koste es ...

„Hören Se, Herr Mandelbaum, hundert Mark gäbe ich, wenn ich hätte das prachtvolle Haar Ihrer Frau!"
„Das möchten Sie wohl! Kostet ihr ja selbst hundertzwanzig!"

Feilschen

Simon Parech wandert über Land. Da entdeckt er einen schönen Birnbaum.
„Lieber Gott, wenn ich hinaufklettern und mir a por Birnen pflicken mechte, 10 Taler teet ich geben fir de Bedirftigen."
Er beginnt zu klettern, es geht besser als gedacht. Auf halbem Weg sagt er: „Nu, trei Taler teet ich wirklich gebn."
Endlich, als er schon in Reichweite der Birnen ist, meint er: „Ach wos, gor nix werd ich gebn."
In diesem Augenblick bricht der Ast. Simon fällt auf die Erde. Verstimmt murmelt er:
„Gleich schmeißt er! Vielleicht hätt ich jo doch wos gegebn."

Lebenslänglich

Ein Pole, ein Tscheche und ein Jude werden in der Sowjetunion wegen Spionage zum Tode verurteilt. Jeder hat noch einen letzten Wunsch: „Ich will, dass meine Asche über das Grab von Pilsudski gestreut wird!“, sagt der Pole. „Ich will, dass meine Asche über das Grab von Massaryk gestreut wird!“, sagt der Tscheche. „Und ich“, sagt der Jude, „will, dass mejne Asche ieber dos Grab von Genossen Kossygin gestrait wird!“ „Aber das ist unmöglich“, wird ihm gesagt, „Kossygin ist noch am Leben.“ „Scheen, ich kann worten“, meint der Jude.

Wos hobn de Deutschen bloss aus unserer Sprache gemocht?

Ein aus Polen eingewanderter erfolgreicher Geschäftsmann möchte, dass sein Sohn makellos die deutsche Hochsprache erlernt, und schickt ihn in ein bekanntes katholisches Internat. Nach einigen Monaten besucht ihn der Vater. Er wird zum Prior vorgelassen: „Vater Prior, wos macht mein Sohn?“

Der Prior schaut aus dem Fenster, wiegt milde mit dem Kopf hin und her und sagt: „De Kinderlach spillen im Gurten.“

Gewohnheiten

Die Schwester im Sanatorium: „Herr Seligsohn, haben Sie ein Bad genommen?“ „For wos? Fehlt ejns?“

Auf die Betonung kommt es an

Im Unterricht fragt der Leutnant einen jüdischen Rekruten: „Warum soll der Soldat fürs Vaterland sein Leben lassen?“ „Recht ham's, Herr Leutnant, for wos soll er!“

Reingefallen!

Schmul und Grün treffen sich auf der Straße. Schmul spricht Grün an: „Sag, alter Freund, kannst du mir 50 Gulden leihen?“ Grün ist so freundlich und gibt sie ihm. Nach einer Woche treffen sie sich wieder. Schmul fragt Grün: „Ich schulde dir noch 50 Gulden, was? Gib mir doch noch einmal 50, dann ist es eine runde Summe.“ Grün kann nicht widerstehen und gibt Grün das Geld. Zwei Wochen später laufen sie sich wieder über den Weg. „Schmul, leih mir doch noch einmal 100 Gulden, dann sind es gerade 200, die ich dir schulde.“ Auch diesmal zeigt sich Grün der Überzeugungskraft seines alten Bekannten nicht gewachsen. Nach einiger Zeit treffen sie sich wieder. Schmul fängt an: „Sag mal, Grün, ich schulde dir doch 200 Gulden ...“ Grün unterbricht ihn blitzschnell: „Nejn!“

Baden im Herbst

Eisik geht im Januar am Seeufer spazieren: Sieht er plötzlich seinen Freund Löwenthal in einem Eisloch zappeln.
„Löwenthal, bist du eingebrochen?“ „Nejn, der Winter hot mich beim Baden iberroscht!“

Vergleich

Der Arzt ruft seinen Patienten an: „Ihr Scheck, mit dem Sie bezahlt haben, ist zurückgekommen.“
Patient: „De Rickenschmerzen auch, dann sin mer ja quitt.“

Natur-un-verbunden

Die Krankenschwester des Sanatoriums sagt zu einem der zahlreichen leberleidenden Patienten: „Herr Isaaksohn, der Doktor sagt, Sie sollen etwas im Wald spazieren gehen.“ „Im Wold spaziern! Bin ich a Reh?!“

Gott der Gerechte

„Da hört sich doch Alles auf! Vor zwei Stunden schnorren Sie bei mir und jetzt trinken Sie Champagner!“
„Gott der Gerechte! Wenn ich net schnorr, kann ich kein Champagner trinken! Wenn ich schnorr, soll ich kein' trinken! Ja, wann soll ich denn en Champagner trinken?“

Die Wahrheit kann man immer wieder hören!

Rabinowitsch sitzt in einem Café und bestellt ein Glas Tee und eine ‚Prawda' „Ich bringe sofort den Tee", sagt der Kellner, „aber eine ‚Prawda' kann ich nicht bringen. Die Sowjetunion ist untergegangen, und die Prawda: erscheint nicht mehr."
Am nächsten Tag kommt Rabinowitsch ins gleiche Café und bestellt Tee und die ‚Prawda'. Er erhält die gleiche Antwort wie am Vortag. Als er am dritten Tag wieder im Café erscheint und Tee mit der ‚Prawda' bestellt, meint der Kellner: „Mein Herr, Sie machen doch einen ganz intelligenten Eindruck. Dreimal haben Sie Tee und die ‚Prawda' bestellt, und dreimal habe ich Ihnen erklärt, dass die Sowjetunion untergegangen ist und die ‚Prawda' nie mehr erscheinen wird!" „Wejß ich, wejß ich", sagte Rabinowitsch, „ober ich konn es immer wieder hern!"

Keine Angst!

Bei der Musterung: „Bitt scheen, Herr Stabsarzt, schickt mich nich zu de Artillerie, ich kenn dos Schießen nich heern!“
„Keine Angst, mein Lieber, die schießen so laut, das werden Sie schon hören!“

5. Arbeit

oder:
Geschäft ist Geschäft

Eine echte Rosskur!

Ein Rabbi hat ein wertvolles Reitpferd. Alle Pferdehändler wollen es kaufen, aber der Rabbi verkauft es nicht um zwei Tausender. Eines Tages wird das Pferd krank. Der Rabbi ist betrübt und weiß nicht, was er machen soll. Sein Diener Rosenbaum kommt zu ihm. „Verkauf mir dos Pferd fier finf Hunderter, wenn es gesund wird, dann hob ich den Vorteil, wenn es stirbt, dann hob halt ich Pech gehabt." Der Rabbi fragt den Tierarzt, der sich gerade um das Tier bemüht: „Wird es gesund werden?" Der Tierarzt meint: „Unter uns gesagt, das Pferd ist sehr empfindlich und wird die Krankheit nicht überstehen." Der Rabbi stellt dem Diener die Kaufurkunde aus, und dieser verspricht ihm, am nächsten Morgen das Geld zu geben. Mit der Urkunde geht Rosenbaum ins Kaffeehaus, in dem an die zwanzig Pferdehändler sitzen.
„Ich besitze das Pferd vom Rabbi und will es verkaufen." Die Händler lassen die Urkunde herumgehen und überbieten sich gegenseitig mit immer neuen Angeboten. Rosenbaum meint: „Wenn ich es ejnem von Eich verkaufe, sind de anderen neidisch und böse auf diesen. Lasst uns eine Tombola machen: Jeder zahlt einen Hunderter und bekommt ein Los, der Gewinner bekommt das Pferd." Gesagt, getan, einer der Händler zieht das große Los und geht freudestrahlend mit Rosenbaum zum Stall des Rabbis. Das Pferd ist unterdessen verendet. Rosenbaum ist scheinbar völlig erschüttert: „Wos fier a Unglick!"
Der Händler ist ebenfalls tief enttäuscht, Rosenbaum

aber meint: „Du sollst deinen Hunderter wieder zurickbekommen, schließlich sollst du bei dem Geschäft nichts verlieren." Der Pferdehändler freut sich, bekommt aber gleichzeitig Skrupel: „Was werden die anderen Händler sagen?" Rosenbaum antwortet seelenruhig: „Ach, lass nur, die hoben doch sowieso verlorn."

Please, hold the line!

Der Staat Israel ist nur wenige Wochen alt. Schechter wird zum Bürgermeister gewählt. Als er gerade sein neues Büro betreten hat, klopft es. Der neue Bürgermeister will seinen Besucher beeindrucken, ruft herein und hebt gleichzeitig den Hörer seines Telefons ab: „Ja, Herr Ben-Gurion, ich bin einverstanden, aber bitte warten Sie noch mit Ihrer Entscheidung, bis ich alle Unterlagen habe. Danke vielmals. Und heute Abend erwarte ich Sie mit Ihrer Gattin zum Essen!"
Er legt auf und wendet sich herablassend an den Besucher: „Wos konn ich für Sie tun?" „Nichts", sagt der junge Mann, „ich bin hierher geschickt worden, um Ihr Telefon anzuschließen."

Tje nu?!

Präsident Bush möchte herausbekommen, wieso die Juden immer schon alles vor ihm wissen. Er beauftragt die CIA und den FBI. Eine Woche später kommt die Antwort: Die Juden haben etwas, was sie Sabbat nennen. Da treffen sie sich in den Synagogen und haben ein Losungswort. Das heißt: Nu.Wenn der eine zum anderen sagt: Nu, dann erzählt der ihm alle Neuigkeiten.
Bush will sich davon selbst überzeugen. Er sagt niemandem ein Wort, besorgt sich bei einem Kostümverleih einen Kaftan und verkleidet sich als israelischer Rabbi. Dann geht er in die nächste Synagoge und setzt sich neben einen der Anwesenden. Nach einigen Augenblicken fragt er seinen Nachbarn: Nu? – Der Mann antwortet: „Pst. Bush soll heite hier sein!"

Berufswechsel

Jizaks Toilette ist verstopft, und so ruft er den Klempner an. Nach fünfzehn Minuten hat dieser den Schaden behoben und verlangt 100 Schekel. Jizak gibt sie ihm schweren Herzens, kann sich aber eine Bemerkung nicht verkneifen: „Gestern war ich mit dem Kind beim Arzt, und da habe ich 50 Schekel bezahlt."
„Als ich noch Arzt wor", gibt der Klempner zurück, „hob ich auch nur 50 Schekel genommen."

Es gibt doch dumme Fragen!

Ein berühmter jüdischer Pianist ist zu Gast. Der Saal ist voll, das Foyer ist voll, die Vorhalle ist voll, die Leute stehen dicht gedrängt selbst auf der Treppe, wo sie nichts mehr sehen können. Mitten in Liszts „Mephistowalzer" fragt ein Jude den andern: „Geigt er oder blost er?"

Ein jüdisches Pferd

Moritz Tulpenstiel geht zum Rennen und gewinnt dort am Totalisator 20000 Mark für 1000 Mark. Ein Pferdekenner fragt ihn, warum er gerade auf dieses Pferd gesetzt habe, das doch gar keine Gewinnaussichten gehabt habe. „Nu“, sagt Tulpenstiel, „ich hab gelesen im Rennprogramm ‚Pferd Moritz‘, da hab ich gedacht, es muss sei’ e jüdisches Pferd, da setzte drauf, es werd’ sich schon vordrängen.“

Termingeschäft

Hirsch: „Was? Se wollen von mir haben geliehen dreihundert Mark? Werd ich se auch wieder haben zum festgesetzten Termin?“
Levi: „Ins Gesicht spucken soll Ihnen a jeder, wenn ich se nicht zurückgeb zum festgesetzten Termin.“

Verleihung

„Herr Kommerzienrat, wollen Sie mir für einen Augenblick Ihr Ohr leihen?“
„Zu wieviel Prozent?“

Arbeit

Als der Chef vormittags gegen zehn den Frisiersalon betritt, sieht er dort seinen Buchhalter sitzen.
„Wos, während der Arbeitszeit lassen Se sich de Haare schneiden?“
„Nu“, meint der Buchhalter, „se sind mir doch och während der Arbeitszeit gewachsen!“

Jedem seinen Sturm!

Der Lehrling kommt ins Büro zum Chef gestürzt.
„Herr Goldstein, mer kriegen ejn Orkan!“
Der Chef reagiert indigniert: „Wieso wir? Hob ich Sie schon endgiltig eingestellt?“

Nomen est omen

Vor Gericht. „Sie heißen?“ „Abraham Levy.“ „Wo geboren?“ „In Inowrazlaw.“ „Beruf?“ „Altwarenhändler.“ „Religion?“ „No, ich-hob Eich doch gesogt: ich heiße Abraham Levy, bin ich aus Inowrazlaw und handle mit Altwaren – wer ich sein a Hussit?“

Minister ohne Land

Ein alter Freund des neuen Ministerpräsidenten wird in das Büro vorgelassen und beschwert sich: „Hast du mich etwa vergessen bei der Verteilung der Ministerposten?“
Dem Ministerpräsidenten ist das peinlich und er berät sich mit seinem Referenten.
„Du kenntest a Ministerium fier de Kolonien errichten“, schlägt dieser vor.
„Wieso, wir haben doch gar kejne Kolonien?“
„Na und, wir hoben doch auch a Ministerium fier Finanzen!“

Jewish Science

(So wurde die Psychoanalyse lange Zeit in den USA genannt!)
Zwei Psychoanalytiker fahren nach Beendigung der Sprechstunde im Fahrstuhl herunter. Der eine sagt: „Schrecklich, den ganzen Tag dem gräulichen Unsinn der Patienten zuhören zu müssen!“ „Wer heert schon zu?“

Triumph der Politik

In einem Jerusalemer Café sitzen drei Herren: ein Chirurg, ein Architekt und ein Politiker. Sie diskutieren, welches der älteste Beruf ist.
„Mein Beruf ist auf Fälle der älteste", meint der Chirurg, „denn Gott hat Adam in den Schlaf versetzt und ihm eine Rippe herausgenommen: Der erste chirurgische Eingriff unter Narkose."
„Das mag sein", gibt darauf der Architekt zu bedenken, „aber bevor Gott die Menschen schuf, formte er aus dem Chaos eine Welt nach seinem Plan, also nach einem Bauplan: Eine gewaltige architektonische Leistung."
Da ruft der Politiker triumphierend: „Und wer, glaubt ihr, hot gemocht das Chaos?"

Second hand

Wirt zum Gast: „Heert Ihr, Ihr kennt unsere Zahnstocher meinetwegen auf den Boden werfen. Ihr kennt Eich damit den Kopf kratzen, Ihr kennt Eich die Fingernägel reinigen. Aber Ihr misst se doch nicht zerbrechen!"

Koppelgeschäft!

Schlomo hat auf dem Viehmarkt ein Pferd gekauft und reitet zurück in sein Dorf. Unterwegs fängt es heftig an zu gewittern. Im Aufruhr der Elemente scheut das Pferd und geht durch. Schlomo bekommt es mit der Angst zu tun.
Er gelobt in höchster Not: „Herr, wenn ich heil bleibe und die Gefahr iberstehe, will ich dos Pferd wieder verkaufen und den Erlös den Armen geben."
Der Himmel wird wieder klar, das Pferd beruhigt sich, und Schlomo reitet zum Markt zurück, um sein Gelübde einzulösen. Zuerst jedoch kauft er ein Huhn. Dann ruft er: „Pferd zu verkaufen, Pferd zu verkaufen!" Der erste Kauflustige erscheint und fragt nach dem Preis. Schlomo erwidert: „Ich verkaufe das Pferd nur zusammen mit dem Huhn."
„Wie viel also zusammen?"
„Das Pferd kostet zwei Gulden und das Huhn 300 Gulden."

Gedankenlesen

Blum trifft am Versöhnungstag seinen Konkurrenten Löw im Bethaus. Gewillt, mit ihm Frieden zu schließen, streckt er ihm die Hand hin und sagt: „Ich winsche dir dasselbe, was du mir winschst!"
„Fängst de schon wieder on!", erwidert Löw gekränkt.

„Na und?“

Jankel kommt zum Rechtsanwalt und sagt: „Ich schulde dem Moische 500 Gulden, aber ich kann se nicht zahlen. Was soll ich mochen?“

Der Rechtsanwalt sieht nur eine Möglichkeit: „Du musst dich vor Gericht dumm stellen, dann wirst du wegen Unzurechnungsfähigkeit freigesprochen.“

Vor Gericht fragt der Richter: ‚Jankel, Sie haben sich 500 Gulden geborgt und nicht zurückgezahlt.“

Jankel: „Na und?“

Richter: „Sie müssen das Geld zurückzahlen.“

Jankel: „Wos Ihr nicht sogt!“

Richter: „Sie scheinen nicht zu wissen, dass Sie vor einem Richter stehen?“

Jankel: „Na und?“

Richter: „Ich kann Sie ins Gefängnis werfen!“

Jankel: „Wos Ihr nicht sogt!“

Richter: „Der Mann ist nicht normal, Sie sind entlassen.“

Jankel ist zufrieden und will nach Hause gehen.

Da kommt der Rechtsanwalt auf ihn zu und sagt: „Sehen Sie, durch meinen Rat sind Sie frei gesprochen worden.“

Jankel darauf: „Na und?“

Rechtsanwalt: „Sie schulden mir für die Beratung noch 100 Gulden!“

Jankel: „Wos Ihr nicht sogt!“

Zu weit!

Straßenhandel in Berlin. „Ich brauch a Jackett, hobn Se eins?“ „Ich hob schon eins, ober ich glaub, es wird Ihnen zu weit sein!“ „Nu, anprobieren mecht ichs wenigstens!“ Der Händler geht mit dem Kunden los. „Wohin firn Se mich ejgentlich?“ „Nach Nauen.“ „Was???“ „Nu, hob ich Ihnen doch glejch gesagt: es wird Ihnen zu weit sein!“

Mangels Gelegenheit

Der Zar will die Treue seiner Soldaten prüfen: „Wenn ich dir befehle, auf mich zu schießen, würdest du es tun?“ Einer nach dem anderen erklärt, Befehl sei Befehl und er würde schießen. Das missfiel dem Zar dann aber doch. Endlich fragt er einen jüdischen Lanzer: „Nun, und du? Wirst du auf mich schießen, wenn ich es dir befehle?“

„Nejn!“ Da freute sich der Zar. „Warum willst du nicht auf mich schießen. Wenn ich es dir befehle, musst du doch schießen.“ „No, mit was? Bin ich der Trommler.“

Alles inklusive

Der Heiratsvermittler trifft den armen Pinkus auf der Straße: „Ich habe etwas Großartiges für dich. Ein reiches Mädchen, schön, gebildet, aus guter Familie und mit einer Mitgift von 3000 Gulden.“ Pinkus ist misstrauisch: ,,Warum bietest du sie gerade mir armen Schlucker an?“

„Nu, se hinkt und schielt a wejnig und hot einen kleinen Buckel.“

„Ich will aber keine, die hinkt und schielt und einen Buckel hat.“

„Aber sieh doch, was könntest du bekommen? Vielleicht eine, die hibsch aussieht, aber weder Geld noch Bildung noch Mitgift hot, aus einer armen Familie.“

„Ich will trotzdem keine Frau, die hinkt und schielt und einen Buckel hat.“

„Pass auf. Du nimmst eine Hibsche. Sie will das Heu auf den Boden schaffen, steigt auf die Leiter und fallt runter, sie bricht sich das Bein, spießt sich mit der Heugabel ins Auge und verrenkt sich den Arm. Du rufst den Arzt, sie kommt in die Stadt ins Spital, du bezahlst einen Haufen Geld und hinterher: sie hinkt, schielt und hat einen Buckel. Bei mir sparst du die ganze Aufregung, die Ausgaben und hast schon alles inklusive.“

Gewusst wo

Ein Mann hat eine Autopanne. Mehrere Mechaniker versuchen sich daran ohne Erfolg, da kommt ein jüdischer Autoschlosser, hebt die Motorhaube, schlägt mit dem Hammer einmal zu und der Wagen läuft wieder. Der Mann ist glücklich: „Was bin ich Ihnen schuldig?“ „Zwanzig Kronen!“ Das ist dem Mann zu viel und er verlangt eine detaillierte Rechnung.
Der Jude schreibt: Schlag mit dem Hammer 1 Krone, gewusst wo 19 Kronen, macht 20 Kronen.

Es kommt darauf an

„Du, der Kommis, den ich engagiert hob, der is garantiert ehrlich". „Woher wejst du dos?" „No, ich hob zwanzig Pfennige oif'n Ladentisch gelegt, un er hot se nich genommen." „Zwanzig Pfennig!! Zwej Mark musst du hinlegen!" „Was hejst ‚zwei Mark' – zwej Mark nehm ich oich."

Die andere Seite

„Wie machst du's nur, Aaron? Bei dir geht jedes Geschäft glatt und bei mir kein's! Du bringst die krümmsten Schidduchim zu Stand und mir missraten die schönsten! Woran liegt das nur?" „Erzähl' einmal, wie machst du's denn eigentlich?"
„Nun, wenn ich en Jung hab, der fünfundzwanzig- oder dreißigtausend will, so such' ich ihm ein passendes Mädchen oder auch umgekehrt: Zu einem Mädchen einen Jungen!"
„Schlemihl, Chammer! So verderben Sie's Geschäft! Wenn ich einen Jungen hab, der fünfundzwanzig oder dreißig Mille verdient, dem biet' ich ein Mädchen an, mit siebzig oder achtzig Mill'! Der ist gleich einverstanden! Meinst du nicht? Dann brauch' ich bloß noch die andere Seite zu bearbeiten!"

Kurz und bündig

Ein Kaufmann mahnt seinen säumigen Kunden mit einem Telegramm. es enthält nur ein einziges Wort: „Nu?“ Zwei Stunden später kommt die prompte Antwort des Kunden in zwei Worten: „Nu, nu!“

Du sollst nicht lügen!

Der Angestellte Weinstein läuft jammernd im Büro auf und ab.
„Oh, diese Kopfschmerzen! Es ist nicht auszuhalten, ich verlier noch den Verstand!“
„Herr Weinstein“, sagt der Chef, „wenn Sie krank sind, gehen Sie nach Hause, aber hören Sie auf, hier herumzurennen und zu prahlen!“

Verdienst

Professor (dozierend): „Ich würde Ihnen gern die galizische Laus zeigen, sie ist ungemein interessant ... Ah, da unten gehen zwei Herren, die könnten uns gewiss aushelfen!“ (Einige Studenten eilen hinaus und bringen, halb halb, zwei östliche Glaubensgenossen herein.)
Professor: „Ah, meine Herren! Sie können zehn Taler verdienen! Sie sind doch aus Galizien?“
Isaak: „Mer sein aus Lipto-Szent-Miklosz!“
Professor: „Gut, gut! Hier sind dreißig Mark!

Können Sie mir mit einer Laus aushelfen?"
Isaak: „Mit ere Laus? Worüm net? Do hom Se e Laus! Do hom Se ... das haisst: Na, e Laus kost zehn Taler!"
Professor: „Ich brauche blos die eine. Ich danke Ihnen, meine Herren! Sie können wieder gehen!"
Drei Tage später bei der Abreise: Kellner: „Hier ist die Rechnung: zehn Mark sechzig Pfennig, drei Taler sechzehn Groschen!"
Isaak (langt in's Haar, fängt eine Laus und gibt sie dem Kellner): „Do, geb'n Se mer sechs Taler und dreizehn Groschen 'raus!"

Prahlerei

Ein Chassid berichtete: „Eines Abends kamen viele Gäste zu meinem Wunderrabbi. Aber er hatte nur zwei Fische im Haus. Was tat er? Er klatschte in die Hände, und als seine Frau die Pfanne öffnete, lagen zwölf Fische drin."
Der Mitagned, der Zweifler, erwiderte: „Das ist erstaunlich, und wenn ich nicht Ähnliches erlebt hätte, würde ich es nicht glauben: Wir spielen Karten. Ich habe vier Asse. Es kann nichts schiefgehen. Aber da kommt mir der Gegner mit fünf Buben daher, und ich bin erledigt."
Der Chassid schnaufte: „So ein Stuss! Kein Kartenspiel hat fünf Buben."
Der Mitagned wiegte den Kopf: „Gib du nach bei de Fische, geb' ich nach bei de Buben!"

Wie Wind entsteht

Eine Dame will einen Fächer kaufen: „Was kostet dieser hier?" „25 Mark." „Zu teuer! Und dieser?" „Finfzehn." „Noch andere haben Sie nicht?" „No, hier is einer zu finf Mark!" „Danke, den nehm ich." Doch schon am anderen Tag ist die Frau wieder da, der Fächer ist zerbrochen. „No, was hobens gemocht mit dem Fecher?" „Was heißt gemacht. Gefächert hab ich halt, so und so und so ...!" „No, bei dem Preis, missen Se den Fecher schon festhalten und dann immer mit dem Kopf hin und her und her und hin!"

Von's Geschäft

Unmittelbar nach der Katastrophe sucht ein Dampfer das Meer ab, um vielleicht doch noch den einen oder andern Verunglückten zu retten. Richtig entdeckt man in der Ferne zwei sich bewegende Gegenstände; der Dampfer nähert sich so rasch als möglich; ein Boot wird ausgesetzt und bringt an Bord – – – zwei echt galizische Glaubensgenossen, mit Zylinderhüten und Pejeslöckchen, durchweicht und durchnässt, jedoch im Ganzen gut erhalten und gesund. Man labt und pflegt sie und dann werden sie mit Fragen bestürmt:
„Ja, wie haben Sie sich denn über Wasser zu halten vermocht?"
„Mer hab'n uns unterhalten von's Geschäft!"

Du siehst schlecht aus

Schmul kommt zum Uhrmacher Chaim: „Chaim, vor zwei Wochen hast du meine Uhr repariert und versprochen, dass sie bis an mein Lebensende gehen wird. Nun ist sie schon wieder kaput."
„Nu, vor zwej Wochen sahst du auch sehr schlecht aus."

Hosen über Hosen

„Kennst du Salomon Herschfeld? Vor zehn Jahren, als er hierher kam, hat er nichts besessen als ein paar alte Hosen, und jetzt hat der Mann zwei Millionen!"
„Gott behiete, was fängt er an mit zwei Millionen alte Hosen!"

Logisch, sehr logisch!

Ein alter jüdischer Händler belehrt seinen Sohn:
„Olles, wos is seltn, is taier. Moschl, also zum Beispiel, a gutes Pferd is seltn, for dos is es ach taier!"
„No, Tate, Papa", widerspricht der Herr Sohn, „a gutes Pferd, dos billig is, is doch noch seltener!"

Qualitätsarbeit

Ein Mann hatte sich beim Schneider eine Hose bestellt. Die Hose wurde und wurde nicht fertig. Endlich, nach zwei Monaten war es soweit.
Beklagt sich der Kunde: „Hat Gott die Welt gemaacht in sechs Teg und Ihr braucht far a par Hosen zwej volle Monatn!“
„Nu, was: Schaut Eich die Welt an“, entgegnete der Schneider, „no und dann schaut Eich diese Hose an!“

Die stärkeren Argumente

Ein jüdischer Versicherungsagent will sich taufen lassen. Eine volle Stunde bleibt er beim Pfarrer, bis er wieder auf die Straße tritt.
„Nu, hot er dich getäuft?“, will sein Freund wissen.
„Nejn“, entgegnet der Agent und wischt sich den Schweiß ab, „ober ich hob en versichert!“

Wer billig kauft ...

Eine Dame hat einen Pelz erstanden. Nach einigen Tagen kommt sie wieder: „In dem Pelz, den Sie mir vorige Woche verkauft haben, Sie, da sind Läuse drin!“ „No wos, fir den Preis wer’ ich Ihnen vielleicht Paradiesvegel neinsetzen?!“

Naturphänomen

„Die Börse“, meint der alte Oppenheimer, „ist se wie eine Lawine: amol runter und amol rauf.“

Größer als alles ist die Wahrheit

Der alte Blom übergibt seinem Sohn das Geschäft. „An zwei Prinzipien musst du unbedingt festhalten: Die da sind die Ehre und die Weisheit.“
„Wos bedejten diese bejden Prinzipien?“, will der Sohn wissen.
„Ehre bedejtet, doss du immer das halten musst, wos du versprichst. Wenn du versprochen hast, am 15. September eine Ware zu liefern, dann musst du das tun.“
„Und die Weisheit?“
„Du Esel, die Weisheit bedejtet, dass man nie etwas genau versprechen soll.“

Ablenkungsmanöver

„Kannst de mir nich a por Mark borgen? Ich hob nebbich rein gor nichts bei mir!“
„Nu, un ze Hause?“
„Dank, ze Hause sin olle gesint!“

Banca rotta

Kohn steht kurz vor der Pleite. Als ein Bekannter ihn fragt, wie die Geschäfte gehen, meint er: „A Dank, ich kenn nicht klagen, bej mir klagen de Gleibiger."

Anachronismus?

Lehrer: „Jossel, warum war die Volkszählung unter Herodes mit so vielen Mühen verbunden?"
Jossel: „Weil sie mitten im Weihnachtsgeschäft stattfand."

Eine Krähe

Der reiche Silbermann kauft beim Großhandel Textilien ein. Er schmeißt alle Ware auf einen Holzwagen, den er vor sich herschiebt. Als der Grossist aufblickt, sieht er, wie Silbermann eine teure Seidenfliege in seine Tasche schiebt. Er überlegt, wenn er Silbermann bloßstellt, verliert er seinen besten Kunden, andererseits kann er auch nicht auf das Geld verzichten. So schreibt er auf die Rechnung am Ende die Fliege. Als Silbermann die Rechnung gegenzeichnen will, stutzt er, als er den letzten Posten sieht, und will gerade aufbrausen. Dann fangt er aber an zu lachen und meint anerkennend: „Du alter Gannew du!"

Geschäftspost

„Sehr geehrter Herr!
Wer hat mir versprochen, bis Ultimo zu zahlen?
Ihr! Wer hat nicht Wort gehalten? Ihr! Wer ist ein Lump? … Ihr sehr ergebener Mendel Beroche.“

Die goldene Mitte

In einem jüdischen Stetl gab es in einer Gasse ein Haus mit drei Schuhgeschäften. Natürlich hatten alle drei nur einen kümmerlichen Umsatz. Was tun? Eines Tages hing vor dem ersten Laden ein Schild: „Verkauf von hochmodernem Schuhwerk“. Als der Besitzer des zweiten Schuhgeschäfts das sah, ließ er sich ebenfalls ein Reklameschild anfertigen: „Importschuhe, besonders preiswert“.
Am nächsten Tag prangte über der Tür des dritten Ladens ein großes Schild mit der Aufschrift: „Haupteingang“.

Gewichtige Gewinne!

„Eins versteh ich nicht, Jossel. Die Post verkauft se Zehnkopeken-Postmarke for punkt zehn Kopekes. Wo is da der Fardienst? Fon Was leeben die Lait?“
„No, ganz einfach: A Brief for zehn Kopekes hot a festgelegtes Hechstgewicht. Sin aber viele Brief leichter. No, un von der Differenze leben die Lait!“

Wenn schon, denn schon!

Lehrer: „Jossel, was war das größte Unrecht, was die Brüder Josefs ihm antaten?“
Jossel: „Dass sie ihn so billig verkauft haben.Er war jung, schön und kräftig und unter Briedern mehr wert als die zwanzig Silbersticke.“

Auf die Perspektive kommt es an!

Kunde zum Makler: „Heren Sie mol. Sie hoben mir doch versichert, doss zu dem Haus ein Garten gehert. Is dos a Garten – drej Meter breit und finf Meter lang?“
„Nu, sehr groß is er nicht, aber hoch!“

Nicht am Sabbat!

Am Sabbat geht ein Jude an einem jüdischen Geschäft vorbei, der Besitzer tritt heraus und flüstert: „Heute Ausverkauf, alles zu holbe Preise!“ Der Passant entrüstet sich: „Heute am Sabbat mocht Ihr Geschäfte!“
„Wos fir Geschäfte?, zu holbe Preise!“

Gleichheit für jeden!

Der reiche Geschäftsmann Isidor Goldmann ist insolvent und hat Konkurs angemeldet. Seinen Gläubigern bietet er aus der Geschäftsmasse 10 % an. Der arme Schnorrer Jankel, der jeden Monat einen Rubel vom Isidor bekommen hat, klopft an die Tür.
„Wos willst du, wejßt du nicht, doss ich bin bankrott?“
„Wejß ich dos, ich will nur 10 Kopeken wie die onderen Glajbiger oich.“

Alles verbrannt

„Ich bitt um eine klejne Unterstitzung. Mir is mejn Haus mit ollem abgebrannt.“
„Hobt Ihr nicht eine Bescheinigung iber das Unglick aus Eirem Heimatort?“
„Die ist doch oich verbronnt!“

Arme Reiche!

Zwei berufsmäßige Bettler, sogenannte Schnorrer, gehen zu Rothschild. Einer wartet unten, der andere kommt bald zurück, aber mit leeren Händen. Sein Berufsethos verbietet ihm, nichts erlangt zu haben. So sagt er zu seinem Kollegen: „Aj, der Herr Baron muss sich oich schon einschränken; im Salon hob ich gesehn spielen zwej oif einem Klavier!“

Irgendwie hat er Recht

Hirschfeld steht vor Gericht, weil er gepanschten Wein verkauft hat. Er will keinen Anwalt, sondern verteidigt sich selbst.
„Hohes Gericht, verstehen Sie etwas von Chemie?“ „Nein, ich bin schließlich Jurist!“ „Herr Sachverständiger, verstehen Sie etwas von Recht und Gesetz?“ „Nein, das geht mich nichts an!“ „No sehen Sie, Hohes Gericht, und von einem armen Juden verlangt mon, dass er sich in bejdem auskennen soll!“

Erbrecht

Zwei Schnorrer, zwei Brüder, erhalten jährlich vom reichen Rothschild je 100 Dollar. Eines Tages stirbt der eine der Brüder. Als der andere zu Rothschild kommt, erhält er seine 100. „Nu und die hundert fir meinen Bruder?" „Aber Ihr Herr Bruder ist doch tot!" „Nu was, sein Sie der Erbe oder ich?"

Der Worte wahrer Sinn

Arm Schmul besucht seinen nicht minder armen Vetter. Sie gehen an einer Bank vorbei. Schmul fragt: „Was handeln die da drinn?“ „Wejst du, die handeln nich ejgentlich mit Ware, se borgen Geld an die Lait.“
„Was? Wenn mir da hinein geehn, werdn sie uns mir nichts, dir nichts a Geld gebn?“
„Recht hast du, Schmul, Sie werdn dir nichts und oich mir nichts gebn!“

Firmenphilosophie

Ein preußischer Offizier und ein Jude sitzen in einem Abteil. Der Jude erzählt von seinen Geschäften und erzählt vons Geschäft und vons Geschäft ....
Endlich fragt er den Offizier: „Und Sie, Herr Leitnant, fir wen reisen Sie?“ „Ich reise für Kaiser und Reich!“
„Ach, oich ne jiedische Firma, wos?!“

Ein Mann, ein Wort!

„Rebbe, der Itzik schuldet mir finfhundert Rubel und will nicht zahlen!!“ „Wos ist, Itzik?“ „Diesen Monat kann ich nicht zahlen!“ „Das hat er schon letzten Monat gesagt!“ „No, und? Hob ich etwa nicht Wort gehalten?!“